Don Quijote de La Mancha

Adaptación didáctica y actividades de **Flavia Bocchio Ramazio**
Ilustraciones de **Paolo D'Altan**

Escucha el audio desde tu teléfono móvil

1 Descarga la aplicación **DeALink**

2 Utiliza la aplicación para encuadrar la página

3 Escucha el audio

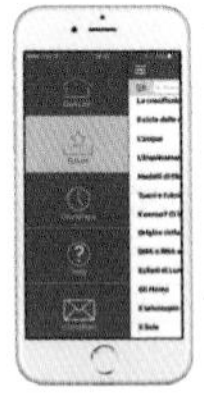

Redacción: Massimo Sottini
Diseño: Sara Fabbri, Erika Barabino
Maquetación: Annalisa Possenti
Búsqueda iconográfica: Alice Graziotin

Dirección de arte: Nadia Maestri

© 2018 Cideb

Primera edición: Febrero de 2018

Member of CISQ Federation
RINA
ISO 9001:2008
Certified Quality System

The design, production and distribution of educational materials for the CIDEB brand are managed in compliance with the rules of Quality Management System which fulfils the requirements of the standard ISO 9001 (Rina Cert. No. 24298/02/S - IQNet Reg. No. IT-80096)

Créditos fotográficos:
Shutterstock; iStockphoto; De Agostini Picture Library: 6, 69, 70; Album/Prisma/MONDADORI PORTFOLIO: 4; Bridgeman Images: 5; age fotostock/Marka: 68; TVE / Album/MONDADORI PORTFOLIO: 83

Reservados todos los derechos. Queda totalmente prohibida la reproducción total o parcial de esta obra, así como su almacenamiento en sistemas de recuperación o transmisión a través de cualquier soporte ya sea electrónico, mecánico, fotocopia, grabación o cualquier otro medio sin la autorización por escrito del editor.

Para cualquier sugerencia o información se puede establecer contacto con la siguiente dirección:

info@blackcat-cideb.com
blackcat-cideb.com

ISBN 978-88-530-1729-1 Libro + CD

Impreso en Italia, por Litoprint, Génova.

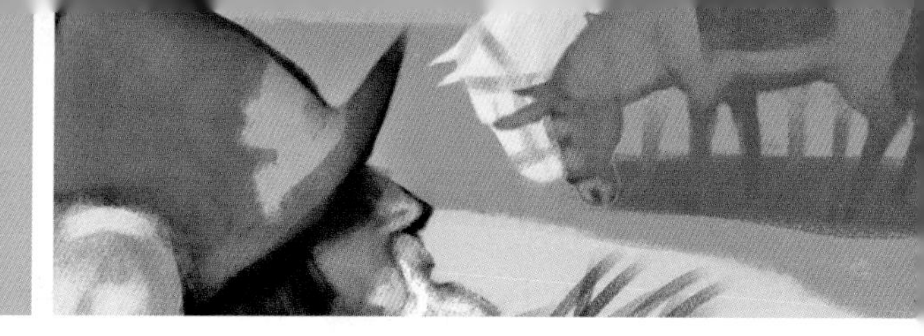

Índice

DELE Este icono señala las actividades de tipo DELE.

EL TEXTO ESTÁ GRABADO EN SU TOTALIDAD.
El símbolo con el número de pista indica una pista presente en el CD audio incluido. El símbolo mp3 indica una pista descargable de nuestra página web, blackcat-cideb.com.

Miguel de Cervantes

Miguel de Cervantes Saavedra nació en Alcalá de Henares. No se sabe el día exacto de su nacimiento, pero se puede decir que fue entre el 29 de septiembre y el 9 de octubre de 1547. En esta fecha fue bautizado en la parroquia de Santa María la Mayor. Era el cuarto de siete hijos. Sus padres eran Rodrigo de Cervantes y Leonor de Cortinas. No se sabe mucho de su infancia y de su juventud, que no fueron de gran felicidad. En 1566 se radicó en Madrid, donde escribió sus primeras poesías. En 1569 viajó a Italia y se puso al servicio del cardenal Acquaviva, con quien fue a varias ciudades italianas. Tiempo después se incorporó al ejército y luchó en la batalla de Lepanto (1571) contra los turcos. De esta batalla salió herido y perdió el uso de la mano izquierda; de ahí su apodo: el manco de Lepanto.

Entre 1572 y 1573 participó activamente en muchas batallas en las zonas de Túnez y Grecia. En 1575, mientras regresaba a España desde Nápoles, la galera en la que viajaba fue atacada por los turcos. Estuvo preso en Argel durante cinco años. Finalmente, en 1580, logró volver a su patria. El período posterior a su reclusión en Argel no fue favorable. Su matrimonio con Catalina de Salazar en 1584 fracasó y sus problemas económicos crecieron. Entre 1581 y 1583 escribió *La Galatea*, su primera obra importante. En 1605 publicó la primera parte de *El ingenioso hidalgo don Quijote de La Mancha* y en 1613 las *Novelas ejemplares*. Finalmente, en 1615 se publicó la segunda parte del *Quijote*.

A pesar de la fama que Cervantes tenía en España y en el extranjero por su actividad literaria, murió en la pobreza, en Madrid, el 23 de abril de 1616.

El ingenioso hidalgo don Quijote de La Mancha

Fue publicado en dos partes; el éxito que tuvo la primera parte fue tanto, que la obra se volvió a imprimir cinco veces en 1605 y se tradujo a las principales lenguas europeas. Esta consta de 52 capítulos, divididos en cuatro partes.

La segunda parte consta de 74 capítulos: desde el momento de su publicación se sucedieron otras dieciséis ediciones y traducciones mientras Cervantes aún vivía.

El *Quijote* es considerado por todos como la obra máxima de la literatura universal y con ella nace la novela moderna.

Cervantes pensó originalmente en el *Quijote* como en una parodia[1] de los libros de caballerías; de hecho, es un libro cómico y al mismo tiempo triste, un cuadro que muestra ideales admirables que se oponen a la realidad dura y miserable.

Don Quijote y Sancho son la caricatura de los caballeros

1. **parodia**: burla, caricatura.

andantes y sus escuderos, pero son también fieles al honor y a la lucha en defensa de los débiles.

En el *Quijote* viven fantasía y realidad, meditación y reflexión sobre la literatura y la vida humana.

Comprensión lectora

1 Responde a las siguientes preguntas.

1 ¿Cómo fueron la infancia y la vida de Cervantes en general?
2 ¿Qué hizo cuando viajó a Italia?
3 ¿Qué le sucedió en la batalla de Lepanto?
4 ¿Qué obras escribió además del *Quijote*?
5 ¿Cómo está estructurado el *Quijote*?
6 ¿Qué representa esta obra?

Personajes

De izquierda a derecha:
Sancho, maese Nicolás, Pero Pérez, el ama, don Quijote

Antes de leer

1 **A lo largo del capítulo 1 encontrarás las siguientes palabras. Relaciona los nombres con las fotos.**

a astillero	d majada	g bota
b adarga	e venta	h espuela
c rocín	f alforja	i galgo

CAPÍTULO 1

La primera salida del hidalgo

En un lugar de la Mancha, de cuyo nombre no quiero acordarme, no hace mucho tiempo vivía un hidalgo de lanza en astillero, adarga antigua, rocín flaco y galgo corredor. Tenía en su casa un ama que pasaba de los cuarenta, una sobrina que no llegaba a los veinte y un mozo de campo y plaza.[1]

El hidalgo se llamaba don Alonso Quijano. Tenía unos cincuenta años. Era fuerte, pero flaco, de pocas carnes. Su cara era delgada.

Era un gran madrugador[2] y amante de la caza. Los ratos de ocio,[3] este hidalgo leía libros de caballerías con tanta afición y gusto que olvidó la caza y la administración de su casa.

---

1. **mozo de campo y plaza**: criado que sirve para las labores del campo y para las domésticas.
2. **madrugador**: persona que se levanta muy temprano.
3. **ocio**: tiempo libre de una persona.

Vendió también muchas de sus tierras para comprar libros de caballerías. Era tal su obsesión por la lectura que se le secó el cerebro y perdió el juicio. Se le llenó la fantasía de todo lo que leía en los libros: encantamientos, batallas, desafíos, heridas, amores y disparates[4] imposibles. Se convenció de que era verdad todo aquello que leía. Por esta razón se le vino a la mente el más extraño pensamiento que se le podía ocurrir a un loco en el mundo: hacerse caballero andante, e irse por todo el mundo con sus armas y caballo a buscar las aventuras, y a ejercitarse en todo aquello que él había leído.

En primer lugar limpió las armas que habían sido de su bisabuelo. Luego fue a ver a su rocín que, aunque era muy flaco, para el hidalgo era mejor que el Babieca del Cid. Cuatro días pasaron hasta que encontró el nombre para su rocín. Le llamó Rocinante, nombre a su parecer alto, sonoro y significativo. Y así, pasaron otros ocho días hasta que el hidalgo decidió cuál iba a ser su nombre. Fue así como resolvió llamarse "don Quijote" y le añadió "de La Mancha" para honrar a su patria, como había hecho el valeroso Amadís, que decidió llamarse Amadís de Gaula.

Había limpiado sus armas, había puesto nombre a su rocín y a sí mismo, mas le faltaba aún otra cosa: buscar una dama de quien enamorarse, porque el caballero andante sin amores, era árbol sin hojas y sin fruto, y cuerpo sin alma.

No tardó en encontrarla. Se llamaba Aldonza Lorenzo, una moza que vivía no lejos de ahí. Un tiempo don Quijote había estado enamorado de ella. En su imaginación la nombró princesa y señora de sus pensamientos, llamándola Dulcinea del Toboso, porque era natural del Toboso.

---

4. **disparate:** locura, insensatez.

La primera salida del hidalgo

Cuando terminó estos preparativos, no esperó más tiempo y, sin decir nada a nadie, una calurosa mañana del mes de julio, tomó todas sus armas, subió sobre Rocinante y se echó a andar.

Cabalgaba muy contento, pero, cuando se vio en el campo, le asaltó un pensamiento terrible. Recordó que no había sido armado caballero, y que, según la ley de caballería, ni podía ni debía tomar armas[5] con ningún caballero. Estos pensamientos le hicieron dudar en su propósito; pero su locura pudo más que cualquier otra razón. Fue así que decidió hacerse armar caballero por el primero que encontrara, como habían hecho otros muchos, según él había leído en los libros.

Caminó todo el día y no sucedió nada. Esto le desesperaba, porque deseaba demostrar su valor. Al anochecer, su rocín y él estaban cansados y muertos de hambre. Miraba a todas partes, buscaba algún castillo o alguna majada de pastores donde alojarse, cuando vio una venta. Se dirigió a esta rápidamente.

Estaban en la puerta dos mujeres mozas. Como don Quijote imaginaba que todo lo que veía era igual que en los libros de caballerías, creyó que la venta era un castillo y que las mozas eran doncellas y el ventero,[6] que en esta estaba, un alcaide.[7] Las mozas, cuando vieron a un hombre armado de lanza y adarga, se asustaron y decidieron entrar en la venta. Don Quijote intentó tranquilizarlas con estas palabras:

—No debéis temer, pues la ley de caballería que profeso me prohíbe hacer mal, y menos aún a tan bellas doncellas.

Cuando las mozas oyeron que las llamaba doncellas, se echaron a reír y don Quijote comenzó a irritarse. En ese momento, apareció

---

5. **tomar armas**: Iniciar un enfrentamiento armado, combatir.
6. **ventero**: persona que tiene una venta para hospedaje de los pasajeros.
7. **alcaide**: encargado de la guarda y defensa de algún castillo o fortaleza.

el ventero, que ofreció a don Quijote alojamiento y comida. Don Quijote comió, pero estaba preocupado porque quería ser armado caballero cuanto antes. Y, así, fatigado por este pensamiento, terminó su cena venteril [8] y limitada. Llamó al ventero, se arrodilló ante él y le dijo:

—No me levantaré jamás de aquí, valeroso caballero. Concededme lo que quiero pediros: armadme caballero. Esta noche en vuestro castillo velaré las armas, [9] y mañana se cumplirá mi deseo: poder ir por todo el mundo buscando aventuras, ayudando a los necesitados como han de hacer los caballeros andantes, como yo soy.

El ventero, como se había dado cuenta de que don Quijote estaba loco, le siguió la corriente. Así le mandó ponerse de rodillas y simuló que leía una oración, le dio un buen golpe en el cuello y después en cada hombro con su misma espada, sin dejar de murmurar entre dientes, fingiendo que rezaba.

Fue así como don Quijote, contento de verse armado caballero, salió de la venta al amanecer y emprendió el retorno hacia su casa para recoger ropa limpia y dinero. Deseaba buscar también un escudero como compañero en sus aventuras.

En el camino se enfrentó a situaciones de las que un caballero andante no podía huir, imaginando batallas y aventuras y saliendo de ellas muy maltratado. Estando el hidalgo en esas malas condiciones, se cruzó en su camino un labrador vecino suyo, quien le reconoció y le acompañó en su camino a casa.

Llegaron al anochecer a las cercanías del pueblo y el labrador aguardó un poco para entrar en este sin ser vistos, dada la

---

8. **venteril**: de una venta o de un ventero.
9. **velar las armas**: el aspirante a caballero, la noche anterior a ser armado, debía orar y hacer guardia cuidando de sus armas.

condición triste del caballero. En la casa de don Quijote estaban sus dos buenos amigos: el cura Pero Pérez y el barbero, maese[10] Nicolás, que discutían junto a la sobrina y al ama de don Quijote sobre la ausencia del hidalgo y la pérdida de juicio que la lectura de los libros de caballerías le había causado. Decidieron entonces que a la mañana siguiente iban a echar al fuego todos los libros que habían causado tal desdicha.

Todo esto oía el labrador, que acabó de entender la enfermedad de su vecino.

A grandes voces anunciaron su llegada y todos fueron hacia el hidalgo para abrazarle, mas este pidió ser llevado a su lecho pues estaba malherido.

Fue así que él estuvo quince días en casa muy sosegado,[11] sin dar muestras de querer seguir con sus primeros delirios. En este tiempo don Quijote visitó a un labrador vecino suyo, hombre de bien, pero de muy poca sal en la mollera,[12] para hacerle su escudero. En fin, tanto le prometió, que el pobre villano decidió irse con él y servirle. Don Quijote le dijo, entre otras cosas, que si conquistaba alguna isla, lo nombraría gobernador de ella. Con estas promesas y otras tales, Sancho Panza, que así se llamaba el labrador, acordó así el día de la partida y, llegado este, se encaminaron sin despedirse de nadie.

Iba Sancho Panza sobre su asno muy a gusto, con sus alforjas y su bota, y con mucho deseo de verse ya gobernador de la isla que su amo le había prometido. Tomaron el rumbo que don Quijote había tomado en su primer viaje, el campo de Montiel.

En esto descubrieron treinta o cuarenta molinos de viento y, así como Don Quijote los vio, dijo a su escudero:

---

10. **maese**: maestro.
11. **sosegado**: tranquilo.
12. **de muy poca sal en la mollera**: de muy poca inteligencia.

—La suerte nos va guiando mejor de lo que pensábamos. ¿Ves allí, amigo Sancho Panza, treinta o más desaforados gigantes? Con ellos pienso batallar y quitarles a todos las vidas, y con el botín ganado comenzaremos a enriquecernos:

—¿Qué gigantes? —dijo Sancho Panza.

—Aquellos que allí ves —respondió su amo—, de los brazos largos, algunos de casi dos leguas[13] de largo.

—Mire, vuestra merced[14] —respondió Sancho— que aquellos no son gigantes, sino molinos de viento, y lo que en ellos parecen brazos son las aspas, que mueven la piedra del molino.

Don Quijote respondió:

—Sancho, ellos son gigantes y si tienes miedo quítate de ahí y reza, que yo voy a entrar con ellos en fiera y desigual batalla.

Y, diciendo esto, dio de espuelas a su caballo Rocinante, sin escuchar a su escudero Sancho que le decía que eran molinos de viento, y no gigantes, aquellos que iba a atacar. Pero él iba tan convencido de que eran gigantes, que no oía nada y, encomendándose de todo corazón a su señora Dulcinea, gritaba:

—¡No huyáis, cobardes, que un solo caballero os ataca!

Así se echó al ataque, con la lanza en ristre.[15] Como el viento soplaba fuerte, las aspas de los molinos comenzaron a moverse y rompieron la lanza de don Quijote que, junto a Rocinante, rodó malherido por el campo. Sancho acudió a socorrerle y lo ayudó a levantarse y a subir sobre Rocinante, para seguir su camino hacia Puerto Lápice.

---

13. **legua**: antigua medida de longitud española que equivale a unos 5000 m.
14. **vuestra merced**: tratamiento o título de cortesía.
15. **lanza en ristre**: con la lanza empuñada y dispuesta para ser utilizada.

Después de leer

Comprensión lectora

1 Elige la opción correcta (a, b).

1 El hidalgo tenía en su casa un ama...
a ☐ de más de cuarenta años.
b ☐ de cuarenta años.

2 A Alonso Quijano le gustaba...
a ☐ levantarse temprano.
b ☐ levantarse tarde.

3 El hidalgo limpió las armas...
a ☐ del padre de su padre.
b ☐ del padre de su abuelo.

4 Don Quijote comenzó su viaje...
a ☐ una mañana de invierno.
b ☐ una mañana de verano.

5 Don Quijote fue ordenado caballero...
a ☐ en un castillo.
b ☐ en una venta.

6 Sancho Panza era un hombre...
a ☐ muy inteligente y sensato.
b ☐ insensato y poco inteligente.

2 Responde a las siguentes preguntas.

1 ¿Que hacía don Alonso Quijano en los ratos de ocio?
2 ¿Qué necesitaba el hidalgo para poder emprender su primera salida?
3 ¿Qué le sucedió en la venta?
4 ¿En qué condiciones volvió don Quijote a su tierra?
5 ¿Qué hizo don Quijote cuando vio los molinos de viento?

Comprensión auditiva

pista 03

3 Escucha el siguiente fragmento del primer capítulo y completa el texto.

Los ratos de ocio, este hidalgo leía libros de (**1**) .... con tanta afición y gusto que (**2**) .... la caza y la administración de (**3**) .... casa. Vendió también (**4**) .... de sus tierras para comprar libros de caballerías. (**5**) .... tal su obsesión por la lectura que se (**6**) .... secó el cerebro y perdió el (**7**) .... Se le llenó la fantasía de todo lo que leía en los libros: encantamientos, (**8**) ...., desafíos, heridas, amores y disparates (**9**) .... Se convenció de que era (**10**) .... todo aquello que leía.

Léxico

4 Sustituye las expresiones en negrita por otras sinónimas que aparecen en el primer capítulo.

1 Las mozas, cuando vieron a un hombre armado de lanza y adarga, **se espantaron**. ....

2 El ventero **había entendido** que don Quijote estaba loco.
....

3 Don Quijote **quería** buscar un escudero. ....

4 Don Quijote **estaba persuadido** de que los molinos eran gigantes.
....

5 En el capítulo 1 hay una locución verbal que se construye con la palabra "corriente"; aquí te proponemos otras locuciones construidas con la palabra "corriente". Relaciónalas con su significado correspondiente.

1 ☐ Estar al corriente de algo
2 ☐ Seguirle la corriente a alguien
3 ☐ Navegar contra corriente

a Luchar contra el común sentir o la costumbre.
b Estar enterado de algo.
c Seguirle el humor a alguien, manifestar acuerdo con lo que dice o hace.

Gramática

Adjetivos posesivos

yo	**mi**, mis
tú	**tu**, tus
él / ella, usted	**su**, sus
nosotros / as	**nuestro**, nuestra, nuestros, nuestras
vosotros / as	**vuestro**, vuestra, vuestros, vuestras
ellos / ellas, ustedes	**su**, sus

El adjetivo posesivo se utiliza para expresar la **posesión** o la **pertenencia**. Se usa antepuesto al nombre, **sin artículo**, y concuerda en número con la cosa poseída. Solo los adjetivos posesivos de 1.ª y 2.ª persona de plural concuerdan también en género.

Alonso había limpiado ***sus*** *armas y había puesto nombre a* ***su*** *rocín.*

6 Elige el adjetivo posesivo adecuado entre las dos propuestas y escríbelo en el espacio numerado.

1 Don Quijote y .... escudero Sancho Panza se encaminaron sin despedirse de nadie.

2 —Caballero, ¿de quién es ese rocín?

—Ese es .... caballo Rocinante —dijo don Quijote.

3 ¿Dónde está .... asno, Sancho?

4 Vuestra merced, este es .... botín —dijo Sancho.

5 ¿Dónde vais con .... lanzas?

6 La locura de don Quijote preocupaba a .... amigos, el cura y el barbero.

1 su / sus

2 mis / mi

3 tu / tus

4 nuestro / nuestra

5 vuestras / vuestra

6 su / sus

7 **Completa las frases con el adjetivo posesivo correspondiente.**

1 Juan y .... hermano Miguel visitaron a .... abuelos en la casa de campo.
2 Chicos, ¿dónde habéis puesto .... mochilas?
3 .... padres van a viajar con nosotros a Sevilla.
4 —María, ¿qué tal .... hermano? ¿Dónde está?
— .... hermano se ha ido de viaje a las Antillas.

8 **Busca en el primer capítulo los adjetivos posesivos y subráyalos.**

Rincón de cultura

Babieca, el caballo del Cid

Babieca es, sin duda, junto con Rocinante, uno de los caballos más famosos de la historia de España. Es el caballo de don Rodrigo Díaz de Vivar, el Cid Campeador.

Según el *Cantar de Mio Cid*, Babieca era un caballo norteafricano, muy ágil y veloz. Fue comprado por 1.000 dinares [1] y participió en muchas batallas durante la Reconquista. Después de la muerte del Cid, nadie volvió a montarlo.

Babieca murió a la insólita edad de 40 años. La tradición nos dice que fue enterrado en el monasterio de San Pedro de Cardeña, a diez kilómetros de Burgos.

En la última batalla, en la que el Cid murió, Babieca tuvo un papel fundamental: el Cid, ya muerto, fue puesto sobre su lomo; Babieca pasó delante de las tropas del Cid para levantar la moral y animar a las tropas a seguir en el combate. Los moros pensaron que el Cid había resucitado de entre los muertos y fueron derrotados.

Ahora responde a las preguntas.

1 ¿Cuál era el origen de Babieca? ¿Cómo era?
2 ¿A qué edad murió Babieca?
3 ¿Dónde fue sepultado el caballo?
4 ¿Qué sucedió en la última batalla del Cid?

---

1. **dinar**: moneda árabe de oro, cuyo peso era de poco más de cuatro gramos.

Antes de leer

1 **A lo largo del capítulo 2 encontrarás las siguientes palabras. Relaciona los nombres con las fotos.**

a rienda
b choza
c caldero
d bellota
e rabel
f romero

1  ☐ 2  ☐ 3  ☐ 4  ☐ 5  ☐ 6 ☐

2 **En la página 23 encontrarás la ilustración del capítulo 2. Obsérvala atentamente y contesta a las siguientes preguntas.**

1 ¿Quiénes son los personajes que aparecen en este dibujo?
2 ¿Qué está haciendo el personaje que se ve a lo lejos?
3 ¿Por qué crees que está en el suelo uno de los personajes?

CAPÍTULO 2

La tranquila cena con unos cabreros

Aquella noche la pasaron entre unos árboles, y de uno de ellos don Quijote desgajó[1] un ramo seco, que casi le podía servir de lanza, y puso en él el hierro que quitó de la lanza que se le había quebrado en la lucha contra los molinos de viento. Aquella noche el caballero no durmió, pensando en su señora Dulcinea. No la pasó así Sancho, quien durmió profundamente toda la noche.

A la mañana siguiente continuaron su viaje hacia Puerto Lápice, y en el camino encontraron a dos frailes de la orden de San Benito que viajaban sobre dos mulas. Detrás de ellos venía un coche con cuatro o cinco de a caballo que les acompañaban, y dos mozos

1. **desgajar**: arrancar, romper.

de mulas a pie. Venía en el coche una señora vizcaína[2] que iba a Sevilla. No venían los frailes con ella, aunque iban por el mismo camino. Cuando Don Quijote los divisó, dijo a su escudero:

—O yo me engaño, o esta ha de ser la más famosa aventura jamás vista, porque aquellas figuras negras deben ser algunos encantadores que llevan prisionera alguna princesa en aquel coche.

Sancho dijo:

—Señor, aquellos son frailes de San Benito, y el coche debe de ser de alguna gente pasajera.

Don Quijote respondió:

—Sancho, sabes poco de aventuras: tengo razón, ahora lo verás.

Y diciendo esto se adelantó, y se puso en la mitad del camino por donde los frailes venían, y en voz alta dijo:

—¡Gente endiablada y descomunal, dejad enseguida las altas princesas que en ese coche lleváis prisioneras!

Los frailes detuvieron las riendas, y quedaron admirados de la figura de don Quijote y de sus razones; y respondieron:

—Señor caballero, nosotros no somos endiablados, sino dos religiosos de San Benito. No sabemos si en este coche hay o no hay princesas prisioneras.

Don Quijote, sin esperar más respuesta, cabalgó velozmente sobre Rocinante hacia donde estaban los frailes, empuñando su lanza. Uno de los frailes cayó de la mula y el segundo religioso huyó más ligero que el mismo viento. Sancho se acercó al fraile que había caído de la mula, lo despojó[3] de sus hábitos como parte del botín de la batalla. Pero unos mozos que viajaban con los frailes comenzaron a darle golpes a Sancho y le dejaron sin sentido.

---

2. **vizcaíno**: natural de Vizcaya, provincia de España.
3. **despojar**: privar a alguien de lo que tiene con violencia.

Mientras esto sucedía, don Quijote le decía a la dama:

—Señora mía, ya no debéis temer nada, porque he derribado a estos malvados ladrones con mi fuerte brazo. Soy don Quijote de la Mancha, caballero andante y cautivo de la hermosa y sin par[4] doña Dulcinea del Toboso. En pago del favor que os he hecho, id al Toboso, presentaos ante ella y contadle como os he salvado.

Un escudero de la dama escuchó lo que decía don Quijote. Se acercó a él y le amenazó de muerte si no los dejaba proseguir su camino. Comenzó así una lucha que dejó al caballero y al escudero muy malheridos. Don Quijote le dio al vizcaíno un golpe en el hombro y este le hirió la oreja. Finalmente, el escudero quedó a merced del caballero, y la dama le pidió clemencia prometiéndole que iba a cumplir con la demanda de ir al Toboso a ver a Dulcinea.

Don Quijote y Sancho siguieron su viaje, ambos maltrechos y cansados. Decidieron comer, los dos en buena paz y compañía, pero deseosos de buscar dónde alojarse aquella noche. Acabaron con mucha brevedad su pobre y seca comida. Subieron luego a caballo, y se apresuraron para llegar a un poblado antes del anochecer. Pero no lograron alcanzar lo que deseaban y se detuvieron junto a unas chozas de unos cabreros. Así decidieron pasar allí la noche. Esto fue razón de pena para Sancho, pero fue de felicidad para su amo, porque dormir a cielo descubierto era un acto que le ponía a prueba en su condición de caballero andante.

Fueron bien acogidos por los cabreros. Sancho acomodó a Rocinante y a su asno, y se fue detrás del olor que despedían ciertos trozos de carne de cabra que se cocían al fuego en un caldero. Sancho deseaba llevar esas tajadas[5] de carne del caldero a su estómago, pero

4. **sin par**: que no tiene igual.
5. **tajada**: porción cortada.

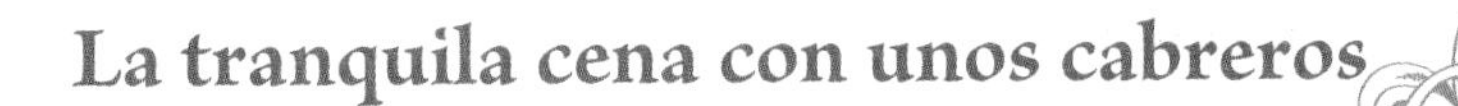

no lo hizo porque los cabreros los quitaron del fuego, tendieron por el suelo unas pieles de ovejas, prepararon su rústica mesa y convidaron con lo que tenían al caballero y a su escudero. Los cabreros se sentaron alrededor de las pieles e invitaron a don Quijote a sentarse. Sancho permaneció de pie para servirle. Al verle de pie su amo, le dijo:

—Siéntate a mi lado y en compañía de esta buena gente, sé una misma cosa conmigo, que soy tu amo y natural señor; come en mi plato, porque de la caballería andante se puede decir lo mismo que se dice del amor: que todas las cosas iguala.

Sancho terminó obedeciendo a su amo. No entendían los cabreros aquella jerigonza [6] de escuderos y de caballeros andantes, y no hacían otra cosa que comer y callar y mirar a sus huéspedes, que comían con rapidez y gusto. Cuando acabaron la carne, los cabreros sirvieron gran cantidad de bellotas.

Don Quijote terminó de comer, tomó unas bellotas y comenzó un discurso sobre la antigüedad. Los cabreros escuharon admirados.

Luego un cabrero joven, llamado Antonio, le cantó a don Quijote al son de su rabel para darle placer y alegría. Cuando Antonio terminó de cantar, don Quijote quería oírlo nuevamente, pero Sancho le dijo:

—Amo, debe descansar esta noche como estos buenos hombres.

—Ya te entiendo, Sancho —le respondió don Quijote—, necesito más la recompensa del sueño que la de la música. Pero ve a dormir tú, porque los de mi profesión deben velar más que dormir. Pero antes, Sancho, vuelve a curarme esta oreja, que me duele más de lo necesario.

Uno de los cabreros vio la herida y le puso remedio: tomó algunas hojas de romero y las mezcló con un poco de sal. Luego las aplicó a la oreja, la vendó muy bien, asegurándole que no era necesaria otra medicina, y así fue la verdad.

---

6. **jerigonza**: lengua propia de caballeros y escuderos.

Después de leer

Comprensión lectora

1 Marca con una ✗ si las afirmaciones son verdaderas (V) o falsas (F). Luego justifica tu respuesta.

		V	F
1	Los frailes viajaban con la señora vizcaína.	☐	☐
2	Don Quijote dejó a Rocinante y corrió rápidamente con su lanza hacia los frailes.	☐	☐
3	El escudero de la dama le pidió amablemente al hidalgo permiso para proseguir su viaje.	☐	☐
4	Don Quijote y Sancho pasaron la noche con unos cabreros.	☐	☐
5	El hidalgo y su escudero comieron carne de oveja.	☐	☐
6	Uno de los cabreros cantó al son de su rabel.	☐	☐
7	Un cabrero le curó la herida a don Quijote.	☐	☐
8	Esa noche don Quijote durmió profundamente y Sancho hizo guardia.	☐	☐

Comprensión auditiva

2 Escucha el siguiente texto y luego subraya y corrige los errores.

A la mañana siguiente continuaron su viaje hacia Puerto Lápice y en el camino encontraron a tres frailes de la orden de San Benito que viajaban sobre tres caballos. Detrás de ellos venía un coche con cuatro o cinco de a caballo que les acompañaban, y dos mozos de mulas a pie. Venía en el coche una señora catalana que iba a Córdoba. No venían los frailes con ella, aunque iban por el mismo camino. Cuando Don Quijote los divisó, dijo a su escudero:—O yo me engaño, o esta ha de ser la más famosa aventura jamás vista, porque aquellas figuras negras deben ser algunos encantadores que llevan prisionera alguna condesa en aquel coche.

Léxico

3 **Une cada palabra de la columna izquierda con su contraria de la derecha.**

1 ☐ mismo
2 ☐ veloz
3 ☐ malvado
4 ☐ fuerte
5 ☐ hermoso
6 ☐ pobre
7 ☐ seco
8 ☐ joven

a débil
b feo
c mojado
d distinto
e lento
f bueno
g anciano
h rico

Gramática

Pronombres de objeto directo (OD) e indirecto (OI)

	Objeto directo	Objeto indirecto
yo	**me**	**me** (a mí)
tú	**te**	**te** (a ti)
él / ella, usted	**lo, la**	**le** (a él, a ella, a usted)
nosotros / as	**nos**	**nos** (a nosotros / as)
vosotros / as	**os**	**os** (a vosotros / as)
ellos / ellas, ustedes	**los, las**	**les** (a ellos, a ellas, a usted)

Los pronombres de objeto directo e indirecto **se anteponen** a un **verbo conjugado** o a una **orden negativa**.

En cambio, **van pospuestos** al **verbo en infinitivo**, **gerundio** y en un **mandato afirmativo.**

Le *dije.* *No pude llevar**le** nada.* *¡Da**me** el libro!* ***¡Dámelo!***
*Mi madre **la** miraba.* *¡No **lo** hagas!* *¡Haz**lo**!* *No pudo escribir**lo**.*

4 **Sustituye la parte subrayada con un pronombre de OD o de OI, según convenga.**

1 No he leído aún este libro, pero ellos han leído **este libro** y les ha gustado mucho.
2 He llamado a los chicos y he dicho **a los chicos** que estoy muy enfadada con ellos.
3 ¿Has escuchado a tu madre? Si no has escuchado **a tu madre**... ¡escucha **a tu madre**, por favor!
4 He buscado a las niñas por todas partes, pero aún no he encontrado **a las niñas**.
5 Hemos llamado a Juan y hemos dado **a Juan** un regalo.

5 **Completa las frases con el pronombre OD o OI correspondiente.**

1 Jesús, ... he llamado varias veces, pero tú no .... has respondido.
2 Niñas, ... acabo de decir que no podéis jugar en el jardín.
3 Carlos, mi hermano y yo no entendemos los ejercicos de Lengua. ¿ .... ayudas a resolverlos?
4 Señores,¿ .... apetece una taza de té?
5 ¡Qué vestido tan hermoso! ¿ .... prestas, Susana?

6 **Busca y subraya con diferentes colores los pronombres OD y OI que hay en el capítulo 2.**

Expresión escrita y oral

7 **¿Cómo te imaginas al escudero vizcaíno? Descríbelo físicamente y describe su carácter. Te damos una lista de palabras que pueden ayudarte. (*80 palabras*)**

delgado alto maleducado fuerte valiente enfadado

8 **En este capítulo se menciona la localidad de Puerto Lápice. Busca información sobre este lugar y luego haz una presentación multimedia para tus compañeros.**

Antes de leer

1 **A lo largo del capítulo 3 encontrarás las siguientes palabras. Relaciona los nombres con las fotos.**

a arroyo
b recua
c arriero
d herradura
e cincha
f estaca
g sayo
h yegua
i manta

CAPÍTULO 3

El Caballero de la Triste Figura

Cuenta el sabio Cide Hamete Benengeli —el historiador árabe que ha dejado escrita la historia de don Quijote de La Mancha—, que después de que el caballero se despidió de los cabreros, él y su escudero se adentraron en el bosque. Caminaron y llegaron a un prado lleno de hierba fresca. Junto a este corría un arroyo apacible y fresco y los dos hombres pasaron allí las horas de la siesta, dejando al asno y a Rocinante pastar a sus anchas de la mucha yerba que allí había.

Amo y escudero comieron lo que llevaban en las alforjas. Sancho dejó libre a Rocinante; andaba en el mismo valle una manada de yeguas de unos arrieros que solían reposar con su recua en lugares y sitios de yerba y agua. Cuando Rocinante vio la manada de yeguas, quiso acercarse a ellas.

El Caballero de la Triste Figura

Salió de su natural paso y, sin pedir permiso a su dueño, comenzó a trotar y se dirigió hacia ellas. Mas ellas, que tenían más gana de pacer que de hacer amistades con él, le recibieron con las herraduras y con los dientes. De esta manera se le rompieron las cinchas a Rocinante, y quedó sin silla. Pero lo que más sintió fueron los golpes de estaca que los arrieros le propinaron derribándolo. Don Quijote, viendo esto, dijo:

—Amigo Sancho, estos no son caballeros, sino gente soez,[1] me puedes ayudar a vengarme de la ofensa que se le ha hecho a Rocinante.

—¿De qué venganza habla, mi señor? —respondió Sancho— ¡Estos son más de veinte, y nosotros somos solo dos! Es más, quizá no somos sino uno y medio.

Don Quijote respondió:

—¡Yo valgo por cien!

Y sin hacer más discursos, tomó su espada y arremetió[2] contra los arrieros y lo mismo hizo Sancho, incitado por el ejemplo de su amo.

Don Quijote dio una cuchillada a uno, le rompió el sayo de cuero y lo hirió en la espalda. Los demás acudieron armados con sus palos y empezaron a golpear al caballero y a su escudero, que rodaron por el suelo. Los arrieros cogieron su recua y siguieron su camino.

Amo y criado, molidos[3] y doloridos por los golpes, controlaron sus animales. Luego, Sancho acomodó a don Quijote sobre el asno y, detrás de este, sujetó a Rocinante y comenzó a caminar. Poco después divisaron una venta, que don Quijote creía castillo. Sancho insistía en que era una venta, y su amo en que era un castillo; y tanto duró la discusión, que llegaron a ella.

---

1. **soez**: vil, grosero.
2. **arremeter**: atacar, agredir a alguien.
3. **molido**: agotado, fatigado, cansado.

CAPÍTULO 3

Servía en la venta una moza, ancha de cara, de nariz chata, tuerta[4] de un ojo y del otro no muy sana. Don Quijote creía que era una bella princesa y que el ventero era el señor del castillo.

El caballero y su escudero pasaron allí una noche agitada, entre equívocos y peleas, que les dejaron aún más molidos los huesos. Se levantaron, aún doloridos, y don Quijote agradeció al ventero por las mercedes[5] que había recibido en su castillo.

El ventero le respondió:

—Vuestra merced debe pagarme el gasto que esta noche ha hecho en la venta, la cena y camas, y la paja y la comida de sus dos bestias.

—Luego, ¿es esta una venta? —replicó don Quijote.

—¡Y muy honrada! —respondió el ventero.

—Engañado he vivido hasta aquí —respondió don Quijote—, en verdad pensé que era este un castillo. Pero si es una venta, debéis perdonarme la paga, porque yo no puedo contravenir a la orden de los caballeros andantes, que jamás pagaron posada.

—Poco tengo yo que ver en eso —respondió el ventero—. Debe pagar y dejémonos de cuentos y de caballerías.

El ventero seguía insistiendo, mas don Quijote volvió a negarse y le insultó:

—¡Sois un mal hostelero!

Luego se subió sobre Rocinante y se echó a andar.

El ventero fue en busca de Sancho Panza para recibir su pago, mas este le dijo lo mismo que le había dicho su amo.

La mala suerte cayó sobre el desafortunado escudero. Había en la venta gente delincuente y burlona que quiso divertirse con él. Uno de ellos fue a buscar la manta de la cama del huésped.

---

4. **tuerto**: que no tiene vista en un ojo.
5. **merced**: don, beneficio.

Luego todos llevaron a Sancho hasta el corral y allí, le pusieron en mitad de la manta y comenzaron a levantarle en alto y a reírse de él. Las voces que el mísero manteado daba llegaron a los oídos de don Quijote, que volvió para ver qué ocurría. Al llegar a la venta, encontró el caballero cerrada la puerta y lo único que logró hacer fue cubrir de insultos a quienes manteaban a su escudero. Finalmente le dejaron ir, y amo y criado abandonaron la venta.

Mientras se alejaban don Quijote dijo:

—Ahora creo, mi buen Sancho, que aquel castillo o venta está encantado sin duda, porque aquellos que tan mal te han tratado, ¿qué podían ser sino fantasmas y gente del otro mundo? Lo digo porque no pude apearme de Rocinante para vengarte, pues me tenían encantado.

—Pues no eran fantasmas —dijo Sancho—, eran hombres de carne y hueso como nosotros. Sería mejor volver a nuestra tierra para la cosecha,[6] en lugar de andar de la ceca a la meca, como dicen.

Don Quijote respondió:

—Calla y ten paciencia. Si no, dime: ¿qué mayor felicidad puede haber en el mundo que la de vencer una batalla y la de derrotar al enemigo? Ninguno, sin duda alguna.

Pasaron así algunas otras desventuras, saliendo de estas maltrechos amo y criado.

Un día, les tomó la noche en mitad del camino, sin saber dónde iban a albergarse; y lo que no había de bueno en ello era que morían de hambre y les faltaban las alforjas con las provisiones.

La noche era oscura. Mientras buscaban una venta, vieron que por el mismo camino venía hacia ellos una gran multitud de lumbres,[7] que parecían estrellas que se movían.

6. **cosecha**: temporada en que se recogen los frutos.

7. **lumbre**: luz.

El Caballero de la Triste Figura

Permaneció Sancho inmóvil viéndolas. Ambos miraban atentamente lo que podía ser aquello, y vieron que las lumbres se iban acercando a ellos, y mientras más se acercaban, más grandes parecían. Sancho comenzó a temblar, y los cabellos se le erizaron[8] a don Quijote, el cual, animándose un poco, dijo:

—Esta, sin duda, Sancho, debe de ser una aventura peligrosísima y tendré que mostrar todo mi valor y esfuerzo.

Los dos se apartaron a un lado del camino, miraron atentamente lo que aquello podía ser. Enseguida descubrieron muchos encamisados.[9] Esta visión atemorizó a Sancho, quien comenzó a dar diente con diente, como quien tiene frío. El miedo creció cuando vieron que eran veinte encamisados, todos a caballo, con sus hachas encendidas en las manos. Detrás de ellos venía un carro cubierto con paños negros, y detrás de este seguían otros seis encamisados de a caballo, enlutados hasta los pies de las mulas. Murmuraban entre sí con una voz baja y compasiva. Esta extraña visión, a tales horas y en tal despoblado, bastaba para poner miedo en el corazón de Sancho y aun en el de su amo, que en su imaginación vio que aquella era una de las aventuras de sus libros.

Se imaginó que en el carro debía ir algún caballero malherido o muerto, cuya venganza solo a él estaba reservada, y, sin pensarlo más, enristró su lanza y con gentil brío se puso en la mitad del camino por donde los encamisados forzosamente habían de pasar.

Cuando los vio cerca, alzó la voz y dijo:

—Deteneos, caballeros, y decidme quiénes sois, de dónde venís, adónde vais, qué es lo que lleváis; porque, o vosotros habéis hecho

---

8. **erizar**: poner rígido algo, especialmente el pelo, como las púas de un erizo.
9. **encamisado**: que lleva vestiduras blancas cortas, que se coloca el clérigo sobre la sotana. La presencia de tantos hombres así vestidos con lumbres en las manos en la noche provocaba miedo.

u os han hecho alguna injusticia. Debo saberlo, o para castigaros del mal que hicisteis o para vengaros por la ofensa que os hicieron.

—Llevamos prisa —dijo uno de los encamisados—, y no nos podemos detener a dar explicaciones.

Don Quijote, ofendido con esta respuesta, tomó por el freno a la mula del encamisado y esta se asustó, haciéndolo caer. Un mozo que iba a pie, comenzó a ofender a don Quijote ya encolerizado. Este arremetió contra todos los enlutados con tanta furia que parecía el diablo. Los desbarató a todos haciéndolos huir con sus lumbres encendidas.

Don Quijote se acercó al encamisado que yacía en el suelo. Le obligó a decirle quién era. El desdichado le dijo:

—Soy el bachiller Alonso López, vengo de la ciudad de Baeza, con otros once sacerdotes; vamos a la ciudad de Segovia acompañando el cuerpo de un caballero que murió en Baeza, le llevamos a su sepultura, que está en Segovia, de donde es natural.

Sancho acudió donde estaba su amo y le ayudó a sacar al señor bachiller de la opresión de la mula. Don Quijote le pidió perdón por el agravio [10] que les había hecho. Y Sancho añadió:

—Si acaso esos señores quieren saber quién ha sido el valeroso que los ha derribado, les dirá, vuestra merced, que es el famoso don Quijote de La Mancha, conocido también como el Caballero de la Triste Figura.

Don Quijote quiso saber por qué Sancho le había llamado «el Caballero de la Triste Figura».

—Porque le he mirado un rato a la luz de aquella hacha que lleva aquel infeliz —respondió Sancho—, y verdaderamente tiene vuestra merced la más mala figura que jamás he visto; y la causa es o ya el cansancio de este combate, o ya la falta de las muelas y dientes.

---

10. **agravio**: ofensa.

Después de leer

Comprensión lectora

1 Responde a las siguientes preguntas.

1 ¿Qué hizo Rocinante mientras Sancho y don Quijote descansaban?
2 ¿Qué hicieron los arrieros cuando Rocinante se acercó a las yeguas?
3 ¿Qué sucedió después del combate con los arrieros?
4 ¿Por qué don Quijote no pagó por su estancia en la venta?
5 ¿Qué le sucedió a Sancho en la venta?
6 ¿Quiénes eran los encamisados? ¿Qué hacían con las lumbres?
7 ¿Cómo reaccionaron don Quijote y Sancho al verlos?
8 ¿Por qué don Quijote combatió con ellos?
9 ¿Qué hicieron amo y escudero al terminar el combate?
10 ¿Por qué Sancho llamó a su amo el Caballero de la Triste Figura?

2 DELE Lee el siguiente fragmento y elige la opción correcta.

Don Quijote, sin hacer más discursos, (**1**) .... su espada y (**2**) .... contra los arrieros y lo mismo hizo Sancho Panza, incitado (**3**) .... el ejemplo de su amo. Don Quijote dio una (**4**) .... a uno, le rompió el sayo de cuero y lo hirió (**5**) .... la espalda. (**6**) .... demás acudieron armados con sus palos y empezaron a golpear al (**7**) .... y al escudero, (**8**) .... rodaron por el (**9**) .... Los arrieros cogieron (**10**) .... recua y siguieron su camino.

1	a ☐ toma	b ☐ tomó	c ☐ ha tomado
2	a ☐ arremetí	b ☐ ha arremetido	c ☐ arremetió
3	a ☐ por	b ☐ de	c ☐ a
4	a ☐ golpe	b ☐ cuchillada	c ☐ palazo
5	a ☐ en	b ☐ con	c ☐ de
6	a ☐ Lo	b ☐ Los	c ☐ La
7	a ☐ escudero	b ☐ arriero	c ☐ caballero
8	a ☐ que	b ☐ quien	c ☐ el cual
9	a ☐ cielo	b ☐ suelo	c ☐ tierra
10	a ☐ sus	b ☐ nuestras	c ☐ su

Comprensión auditiva

pista 07

3 **Escucha el fragmento y marca con una ✗ si las afirmaciones son verdaderas (V) o falsas (F).**

		V	F
1	El caballero y su escudero descansaron en un prado junto a un arroyo.	☐	☐
2	Rocinante y el asno pastaban en libertad.	☐	☐
3	Amo y escudero comieron lo que encontraron en el bosque.	☐	☐
4	En el mismo valle había una manada de toros.	☐	☐
5	Rocinante fue trotando hacia la manada.	☐	☐

Léxico

4 **Completa el siguiente crucigrama. Resuelve las horizontales y en la columna vertical central aparecerá una palabra presente en el capítulo 3.**

1. Es lo contrario de claro.
2. Don Quijote creía que la venta era un...
3. Posada, lugar donde se hospedan los viajeros.
4. Pretérito indefinido del verbo *acudir*, 3.ª persona singular.
5. Nombre del escudero de don Quijote.
6. Imagen de una persona muerta que se aparece a los vivos.

5 **Lee las siguientes locuciones y únelas a su significado correspondiente.**

1 ☐ dar diente con diente
2 ☐ de la ceca a la meca
3 ☐ a sus anchas

a Cómodamente, con entera libertad.
b Tener mucho miedo.
c De una parte a otra, de aquí para allí.

Gramática

El pretérito indefinido

	Caminar	**Comer**	**Vivir**
yo	camin**é**	com**í**	viv**í**
tú	camin**aste**	com**iste**	viv**iste**
él / ella, usted	camin**ó**	com**ió**	viv**ió**
nosotros / as	camin**amos**	com**imos**	viv**imos**
vosotros / as	camin**asteis**	com**isteis**	viv**isteis**
ellos / ellas, ustedes	camin**aron**	com**ieron**	viv**ieron**

Se emplea para expresar acciones enmarcadas en un **momento temporal preciso.** Son acciones puntuales y acabadas.

*Ayer **caminó** por el parque y luego **comió** en un restaurante.*

Los verbos irregulares se conjugan sustituyendo las terminaciones del infinitivo *-ar*, *-er*, *-ir* y las raíces por las siguientes:

hacer → **hic- (hiz-)** *tener* → **tuv-** *estar* → **estuv-** *querer* → **quis-** *poner* → **pus-**	+	**-e** **-iste** **-o** **-imos** **-isteis** **-ieron**

conducir → **conduj-** *decir* → **dij-** *introducir* → **introduj-** *traer* → **traj-**	+	**-e** **-iste** **-o** **-imos** **-isteis** **-ieron**

Los verbos completamente irregulares son:

Ser / Ir: fui, fuiste, fue, fuimos, fuisteis, fueron

6 **En el capítulo 3 hay algunos verbos irregulares en pretérito indefinido. Encuéntralos y subráyalos. Fíjate si corresponden a los grupos de verbos irregulares que hemos presentado.**

7 **Conjuga los verbos entre paréntesis en pretérito indefinido.**

La mala suerte (*caer*, ella) (**1**) .... sobre el desafortunado escudero. Había en la venta gente delincuente y burlona que (*querer*, ella) (**2**) .... divertirse con él.

Uno de ellos (*ir*, él) (**3**) .... a buscar la manta de la cama del huésped. Luego todos (*llevar*, ellos) (**4**) .... a Sancho hasta el corral y allí, le (*poner*, ellos) (**5**) .... en mitad de la manta y (*comenzar*, ellos) (**6**) .... a levantarle en alto y a reírse de él.

Las voces que el mísero manteado daba (*llegar*, ellas) (**7**) .... a los oídos de don Quijote, que (*volver*, él) (**8**) .... a la venta y (*cubrir*, él) (**9**) .... de insultos a quienes manteaban a su escudero. Finalmente amo y criado (*abandonar*, ellos) (**10**) .... la venta.

8 **Escribe 5 frases con 5 de los verbos que has subrayado.**

Expresión escrita y oral

9 **¿Te has asustado tanto alguna vez como Sancho se asustó al ver al grupo de encamisados que caminaban de noche alumbrados por las hachas encendidas? Describe un episodio que te ha dado tanto miedo. (*100 palabras*)**

10 **Reflexiona acerca de la frase pronunciada por Sancho al final de este capítulo. ¿Qué crees que siente Sancho al pronunciarla?**

"Si acaso esos señores quieren saber quién ha sido el valeroso que los ha derribado, les dirá, vuestra merced, que es el famoso don Quijote de La Mancha, conocido también como el Caballero de la Triste Figura".

Castilla-La Mancha

«En un lugar de La Mancha de cuyo nombre no quiero acordarme...»

Ese lugar, que Cervantes no quiere recordar, es **Argamasilla de Alba**, un municipio de Ciudad Real, una de las cinco provincias de la comunidad autónoma de Castilla-La Mancha. Las restantes son: Cuenca, Guadalajara, Albacete y Toledo, la capital de la comunidad autónoma.

Castilla-La Mancha está situada en el centro de la Península Ibérica y es la tercera región de España por extensión, con una superficie de casi 80.000 m^2. Está dominada en gran parte por una **extensa llanura**. Sin embargo, no faltan las **zonas montañosas**: las sierras de **Ayllón**, de **Ocejón** y de **Somosierra** en el norte de Guadalajara; la sierra de **San Vicente** en Toledo y las sierras de **Alcaraz** en la provincia de Albacete. Los **principales ríos** de la región son el Tajo, el Guadiana, el Segura y el Júcar.

El clima es **mediterráneo**: las lluvias son escasas, y esto provoca temperaturas frías en invierno y cálidas en verano.

Se pueden visitar sus ciudades y pueblos, sus monumentos históricos, probar una cocina tradicional (guisos, carnes de caza, quesos, postres exquisitos y vinos de la región) y hacer recorridos de importancia histórica y arquitectónica como la **Ruta de los Pueblos Negros**, llamados así por el uso de material de roca negra para casas y otras construcciones, o la **Ruta de don Quijote**, que nace en Argamasilla del Alba, donde Cervantes escribió la primera parte del *Quijote*.

Las ciudades de Castilla-La Mancha

Toledo forma parte de los bienes Patrimonio de la Humanidad desde 1986 por su valor paisajístico y su patrimonio monumental. Es importante por la fabricación artesanal de espadas.

Cuenca destaca por sus legendarias **casas colgadas**, un milagro arquitectónico. Declarada Patrimonio de la Humanidad, cuenta con la catedral gótica y el Museo de Arte Abstracto. En la provincia está la **Ciudad Encantada**, con esculturas creadas naturalmente por la erosión del agua.

Ciudad Encantada (Cuenca).

Castillo de Peñarroya, Argamasilla de Alba.

Guadalajara tiene monumentos importantes, como la iglesia de Santa María la Mayor, las murallas de época musulmana o el puente sobre el río Henares, del siglo X.

La huella de don Quijote está presente en **Ciudad Real**, en la lucha del hidalgo contra los molinos de viento en el **Campo de Criptana**. En **Albacete**, que está situado en la llanura, nace el río Mundo, lugar de bellísimas cascadas.

Comprensión lectora

1 Responde a las siguientes preguntas.

1 ¿Dónde está situada Castilla-La Mancha?
2 ¿Cuántas y cuáles son las provincias que la componen?
3 ¿Cómo son el territorio y el clima de Castilla-La Mancha?
4 ¿Qué ríos reccorren esta región?
5 ¿Qué se puede visitar en Castilla-La Mancha?

Antes de leer

1 **A lo largo del capítulo 4 encontrarás las siguientes palabras. Relaciona los nombres con las fotos.**

a esposa
b galera
c peñasco
d fresno
e escopeta
f jaula

2 **En la página 49 encontrarás la ilustración del capítulo 4. Obsérvala atentamente y contesta a las siguientes preguntas.**

1 ¿Quiénes son los dos hombres que están escondidos?
2 ¿Qué están haciendo?
3 ¿Quién crees que es el personaje que aparece en primer plano?
4 ¿Qué hace este personaje?

CAPÍTULO 4

Don Quijote hace penitencia

No habían andado mucho cuando don Quijote vio que por el camino venían doce hombres a pie, ensartados como cuentas,[1] en una gran cadena de hierro por los cuellos, y todos con esposas en las manos. Venían también con ellos dos hombres de a caballo con escopetas y dos de a pie con espadas. Sancho dijo:

—Esta es una cadena de galeotes, gente condenada por el rey, que va a las galeras.

Don Quijote dijo:

—Esta gente va forzada, no por su voluntad. Esta es la razón de mi oficio: deshacer fuerzas y ayudar a los miserables.

---

1. **ensartar como cuentas**: pasar por un hilo, cuerda, alambre, etc., varias cosas, como las bolitas en un rosario. En este caso, las cuentas son los galeotes, que caminaban en fila muy juntos.

—Vuestra merced —dijo Sancho—, la Justicia no fuerza ni ofende a esta gente, sino que los castiga por sus delitos.

Cuando se acercaron los galeotes, don Quijote preguntó a los guardias por qué los llevaban de esa manera. Uno de ellos respondió que eran galeotes y que no había más que decir.

Don Quijote insistió, y otro guardia le respondió:

—Puede preguntarle a cada uno y ellos se lo dirán.

Escuchó el caballero a los galeotes y luego dijo:

—Por lo que me habéis dicho, concluyo que os han castigado por vuestras culpas, y que vais a padecer penas muy contra vuestra voluntad. Por esto, guardias, liberad a estos hombres, porque es duro hacer esclavos a quienes Dios y la naturaleza hicieron libres.

—¡Qué majadería! —exclamó un guardia—. Nosotros no podemos liberarlos y vuestra merced no puede mandarnos. Siga por su camino y no ande buscando tres pies al gato.

—¡Vos sois el gato, canalla! —gritó don Quijote enfadado. Y arremetió contra él, le hirió con su lanza y lo derribó del caballo.

Los otros guardianes acometieron contra don Quijote, que se salvó porque los galeotes, liberados de las cadenas, con ayuda de Sancho, atacaron a los guardias, que huyeron por el campo. Don Quijote llamó a los prisioneros y les dijo:

—De gente bien nacida es agradecer los beneficios recibidos. En pago de la libertad que os he dado, presentaos a mi señora Dulcinea del Toboso y contadle los hechos de esta famosa aventura de su Caballero de la Triste Figura.

Uno de los galeotes, Ginés de Pasamonte, respondió:

—Es imposible cumplir lo que vuestra merced nos manda, porque no podemos ir juntos por los caminos, sino solos y divididos para escondernos de la Justicia. Podemos rezar, porque hacer lo que nos manda es como pedir peras al olmo.

Don Quijote hace penitencia

Ante esta respuesta, don Quijote insultó al galeote que, junto a sus compañeros, apedreó[2] al caballero. Sancho se escondió detrás de su asno para protegerse. Antes de huir, los galeotes les quitaron las ropas y repartieron el botín de la batalla.

Solos quedaron el asno y Rocinante, Sancho y don Quijote. El asno, cabizbajo; Rocinante, tendido junto a su amo; Sancho, en carnes; don Quijote, enfadado por el maltrato de quienes había socorrido.

Amo y criado se dirigieron a una parte de Sierra Morena, para esconderse algunos días. Cuando don Quijote entró por aquellas montañas, se alegró y pensó que aquellos lugares eran apropiados para sus aventuras. Iba diciendo:

—Quiero imitar a Amadís, desesperado, tonto y furioso, sin hacer daños como hicieron otros caballeros. La ausencia de mi señora Dulcinea me hace temer todos los males. Loco estoy, loco he de estar hasta tu retorno, Sancho, con la respuesta a una carta que tu entregarás en mi nombre a Dulcinea.

En estas pláticas[3] iban cuando llegaron al pie de una alta montaña, a una zona apacible, que el Caballero de la Triste Figura escogió para hacer su penitencia. Desensilló[4] a Rocinante con la intención de dejarlo en libertad, pero Sancho lo volvió a ensillar, para poder ahorrar tiempo en su viaje hacia el Toboso.

Don Quijote escribió la carta y se la leyó a Sancho. Al concluir la lectura, se quitó los calzones, quedó en carnes y luego, sin más ni más, golpeó sus pies en el aire y dio dos volteretas con la cabeza abajo y los pies en alto. Podía así jurar Sancho que su amo andaba loco. Dio la vuelta a Rocinante y se encaminó hacia el Toboso.

---

2. **apedrear**: tirar o arrojar piedras a alguien o algo.
3. **plática**: conversación.
4. **desensillar**: quitar la silla a una caballería.

CAPÍTULO 4

Al día siguiente llegó a la venta donde habían manteado a Sancho. En ella encontró al cura y al barbero de su tierra, Pero Pérez y maese Nicolás.

Al ver a Sancho, le preguntaron por don Quijote. El escudero, de corrido y sin parar, les contó la suerte de su amo, sus aventuras, y de cómo llevaba la carta a la señora Dulcinea, de quien el caballero estaba enamorado hasta los hígados.

Quedaron admirados los dos de lo que Sancho Panza les contaba. El cura y maese Nicolás quisieron ver la carta, mas Sancho notó que no la llevaba consigo y que se la había quedado su amo sin darse cuenta de ello. Sancho les contó lo que llevaba escrito esa carta y los hombres se convencieron de que era grande la locura del caballero.

El cura pensó en la forma de sacar a don Quijote de aquella inútil penitencia: el barbero había de vestir los atuendos de una doncella para fingir ante don Quijote que debía ser salvada por él. Y así se encaminaron hacia donde el caballero había quedado en penitencia. Habían andado ya bastante, cuando Sancho decidió adelantarse en el camino para buscar a su amo.

El cura y el barbero permanecieron en el bosque. En conversaciones estaban, cuando oyeron una triste queja que provenía de detrás de un peñasco. Acudieron allí y descubrieron, sentado al pie de un fresno, a un mozo vestido como labrador que lavaba sus pies en un arroyo. Cuando terminó, se quitó el gorro que llevaba y, sacudiendo la cabeza, se comenzaron a soltar unos cabellos, que eran la envidia del mismo sol. Vieron que no era un labrador, mas una mujer de hermosura incomparable. Cuando descubrió que la observaban, turbada, intentó huir rápidamente:

—Deteneos, señora, que los que aquí veis solo tienen intención de serviros —le dijo el cura.

La dama, llamada Dorotea, entonces se tranquilizó y rompió su silencio:

—Busco a un caballero al que prometí ser su esposa, pero me abandonó una vez entregados mi amor y mi honra. Para protegerme de la maldad de otros hombres, fingí ser mozo.

El cura y el barbero ofrecieron ayudarla y le hablaron del engaño que habían urdido[5] para llevar a don Quijote a su casa, pues había perdido el juicio. Dorotea aceptó fingir ser una doncella, pues sabía cómo eran las doncellas desdichadas cuando pedían favores a los caballeros andantes.

Dorotea se vistió de tal manera que parecía una rica y gran señora. Todos admiraron su hermosura. El más sorprendido fue Sancho, que, al regresar, quiso saber quién era aquella señora.

—Esta hermosa señora —respondió el cura— es la heredera directa del gran reino de Micomicón. Ella desea ver a vuestro amo para pedirle un favor: vengar un agravio que un mal gigante le ha hecho.

Sancho entonces los llevó al lugar en donde estaba don Quijote.

Cuando vieron al caballero, Dorotea se arrodilló ante él diciendo:

—Valeroso y esforzado caballero, concededme un favor que dará fama a vuestra persona y beneficiará a la más desconsolada y ofendida doncella.

Sancho se acercó a don Quijote y le dijo:

—Bien puede, señor, concederle el don que pide, que es cosa de nada: solo es matar a un gigantazo, y esta que lo pide es la alta princesa Micomicona, reina del gran reino Micomicón de Etiopía.

Don Quijote prometió ayudar a la doncella.

---

5. **urdir**: maquinar, preparar con cuidado algo contra alguien.

Don Quijote hace penitencia

Mientras tanto, el cura, que estaba oculto detrás de unas malezas,[6] salió al encuentro del caballero y exclamó:

—¡Qué alegría volver a ver a don Quijote de La Mancha, la flor de la caballería andante!

El caballero se sorprendió al verle allí. Para mantener en secreto sus intenciones, el cura dijo que unos desconocidos les habían atacado y robado a él y a su escudero —que era maese Nicolás disfrazado— unas mulas, quedando así de a pie.

Luego del reencuentro decidieron partir. Se encaminaron el cura, maese Nicolás, Dorotea, Sancho y don Quijote hacia el reino de Micomicón, como había dicho Dorotea para proseguir en el engaño que, en realidad, debía llevar al caballero a su aldea.

Los viajeros pasaron por la venta en la que Sancho había pasado malos momentos. Don Quijote, cansado y desjuiciado, se retiró a dormir.

Durante la noche, Sancho, sobresaltado por los gritos de su amo, acudió a ver qué sucedía. Estaba don Quijote luchando desquiciado con unas botas de vino, que acuchillaba con gran locura pensando que estas eran la cabeza del gigante.

Al día siguiente, luego de haber pagado el cura los daños causados por el caballero, partieron todos hacia su aldea, llevando a don Quijote en la jaula de un carretero que por allí pasaba.

6. **maleza**: multitud de arbustos.

Después de leer

Comprensión lectora

1 Forma oraciones uniendo los elementos.

1 ☐ Don Quijote vio que por el camino venían doce hombres...
2 ☐ El galeote le dijo a don Quijote que era imposible cumplir...
3 ☐ Los galeotes debían ir solos y divididos por los caminos...
4 ☐ Cuando los galeotes comenzaron a lanzar piedras, Sancho...
5 ☐ Don Quijote escribió la carta y...
6 ☐ Sancho llegó a la venta donde...
7 ☐ Dorotea fingió ser mozo...
8 ☐ Don Quijote luchaba desquiciado con unas botas de vino...

a lo que él mandaba.
b lo habían manteado.
c a pie que iban encadenados y con esposas en las manos.
d para protegerse de la maldad de otros hombres.
e para esconderse de la Justicia.
f se la leyó a Sancho.
g se escondió detrás de su asno para protegerse.
h pensando que estas eran la cabeza del gigante.

2 Responde a las siguientes preguntas.

1 ¿Qué quería hacer don Quijote con los galeotes? ¿Por qué?
2 ¿Adónde se dirigieron el hidalgo y su escudero después de la batalla contra los galeotes?
3 ¿Qué hizo don Quijote en ese lugar?
4 ¿Qué decidieron hacer el cura y el barbero para volver a llevarse a don Quijote a su aldea?
5 ¿Cuál era el estado de don Quijote?
6 ¿Quién era Dorotea?

Comprensión auditiva

pista 09

3 **Escucha. ¿Quién habla? Marca con una ✗.**

	1	2	3	4
Don Quijote				
Sancho				
Cura				
Dorotea				

pista 09

4 **Vuelve a escuchar los textos y marca con una ✗ qué siente cada personaje.**

	Don Quijote	Sancho	Cura	Dorotea
satisfacción y serenidad				
determinación				
admiración				
tristeza y desesperación				

Léxico

5 **Encuentra la palabra intrusa entre las que te proponemos. Justifica tu respuesta. Luego, emplea las intrusas en oraciones.**

1 espada, lanza, escopeta, esposa
2 pie, cadena, cabeza, cuello
3 cura, barbero, labrador, galera

6 **En el capítulo 4 hay algunas locuciones verbales y adverbiales. ¿Qué significan?**

1 Buscarle tres, o cinco, pies al gato.
 a ☐ Buscar soluciones o razones sin fundamento o que no tienen sentido.
 b ☐ Contar la cantidad de patas que tiene un gato.

2 Estar enamorado hasta los hígados.
   a ☐ Amar intensamente.
   b ☐ Amar con dolor.

3 Pedir peras al olmo.
   a ☐ Esperar de alguien lo que no puede dar naturalmente.
   b ☐ Pedir un favor sin obtenerlo.

4 Quedar en carnes.
   a ☐ Tener una herida profunda.
   b ☐ Quedar en cueros o desnudo.

Gramática

Perífrasis verbales

La perífrasis verbal está formada por un **verbo auxiliar** conjugado y un **verbo principal** que va en infinitivo, gerundio o participio. A veces los dos verbos están unidos por una preposición o conjunción.

Volver a + infinitivo

Esta perífrasis expresa la **repetición de una acción.**

Julia volvió a enfermarse.

(Julia se enfermó el mes pasado y se ha enfermado otra vez este mes)

Ir a / Ponerse a / Comenzar a + infinitivo

Estas perífrasis expresan el **comienzo de una acción**, su fase incial.

Irene va a estudiar. *Irene **se pone a** estudiar.* *Irene **comienza a** estudiar.*

(Irene no ha estudiado todavía y ahora comienza a hacerlo)

7 **Completa las frases utilizando una de las perífrasis anteriores.**

1 Él ***vuelve / comienza*** a ver la película. ¡Es ya la tercera vez que la ve!
2 La cena no está lista, pero ahora ***vuelvo / me pongo*** a cocinar.
3 Carlos vino el domingo y no ***ha comenzado / ha vuelto*** a venir.
4 Dorotea estaba triste y ***se puso / volvió*** a llorar.
5 ¿Por qué no ***vas / vuelves*** a preparar el café, por favor?
6 ***Vuelve / Ponte*** a escribir la carta. La que has escrito no está bien.

8 **En el capítulo 4 hay algunas perífrasis verbales. Búscalas y escríbelas aquí.**

....

....

....

9 **¡Ahora es tu turno! Escribe 5 perífrasis verbales.**

....

....

....

Expresión oral y escrita

10 **Haz un resumen del capítulo 4.** (*120 palabras*)

11 **Lee la siguiente frase pronunciada por don Quijote. ¿Qué crees que ha querido decir? Coméntalo con tus compañeros.**

«Por esto, guardias, liberad a estos hombres, porque es duro hacer esclavos a quienes Dios y la naturaleza hicieron libres.»

12 DELE **Imagina el contenido de la carta que don Quijote le escribe a Dulcinea. En ella debes:**

- Expresar el amor que sientes por ella y la tristeza que sientes al estar lejos de ella.
- Decir que estás librando muchas batallas para ayudar a los necesitados y por eso no puedes verla por un tiempo.
- Expresar tu deseo de verla lo antes posible.
- Saludar y despedirte.

(*80 palabras*)

Antes de leer

1 **A lo largo del capítulo 5 encontrarás las siguientes palabras. Relaciona los nombres con las fotos.**

a borrico
b halcón
c fuelle
d clavija
e antorcha
f antifaz

2 **En la página 61 encontrarás la ilustración del capítulo 5. Obsérvala atentamente y contesta a las siguientes preguntas.**

1 ¿Dónde crees que están don Quijote y Sancho?
2 ¿Qué hacen las dos doncellas que se encuentran detrás de don Quijote?
3 ¿Cómo crees que se siente don Quijote?
4 ¿En qué está pensando Sancho?

CAPÍTULO 5

Vuelta a las aventuras

Comenzaron nuevamente don Quijote y Sancho a prepararse para ir a por nuevas aventuras. Luego de haber calmado Sancho a su esposa Teresa y el caballero a sua ama y su sobrina, emprendieron su vuelta a las andanzas.

Deseoso don Quijote de ver a su amada Dulcinea, se encaminó, junto a su escudero, hacia el Toboso. Llegaron a medianoche al pueblo y no hallaron rastro del castillo en el que don Quijote creía que iba a encontrar a la señora y dueña de sus pensamientos.

Sancho, viendo que su amo estaba desconsolado, le dijo:

—Vuestra merced, es mejor si os quedáis fuera de la ciudad. Voy yo a buscar el castillo de vuestra amada.

—Anda, hijo, y no te alteres ante la luz de su hermosura —dijo don Quijote.

CAPÍTULO 5

Sancho se puso en camino y anduvo todo el día cavilando[1] sin cesar. Pensaba:

—Si los habitantes del Toboso descubren que andamos perturbando a sus damas, porque en cada una de ellas mi amo ve a una posible Dulcinea, correremos grandes peligros. Por lo tanto, la primera labradora que vea en el camino se convertirá en Dulcinea. Como mi amo es preso de gran locura, lo creerá.

Y fue así que, viendo venir por el camino tres mozas labradoras, determinó el escudero que había encontrado a la bella Dulcinea.

Volvió donde se encontraba su amo, que estaba esperando sus buenas nuevas, y con gran excitación le contó que Dulcinea del Toboso venía junto a otras dos doncellas a verle. Incrédulo, don Quijote siguió a Sancho.

Abandonaron el bosque y encontraron a las tres mozas labradoras. Cuando don Quijote las vio, le preguntó a Sancho si las doncellas y Dulcinea habían quedado fuera de la ciudad.

—No —respondió Sancho—. ¿No ve acaso que son estas que vienen resplandecientes como el mismo sol a mediodía?

—Yo no veo sino a tres labradoras sobre tres borricos —dijo don Quijote.

—Abra los ojos, señor, y venga a hacer reverencia a la señora de sus pensamientos, que ahí llega. Reina y princesa y duquesa de la hermosura —prosiguió Sancho—, recibid al cautivo caballero vuestro, que allí está hecho piedra y mármol, emocionado de verse ante vuestra magnífica presencia. Yo soy Sancho Panza, su escudero, y él es el caballero andante don Quijote de La Mancha.

Don Quijote ya se había arrodillado junto a Sancho y miraba confundido a la que Sancho llamaba reina y señora; y como solo

1. **cavilar**: reflexionar, meditar.

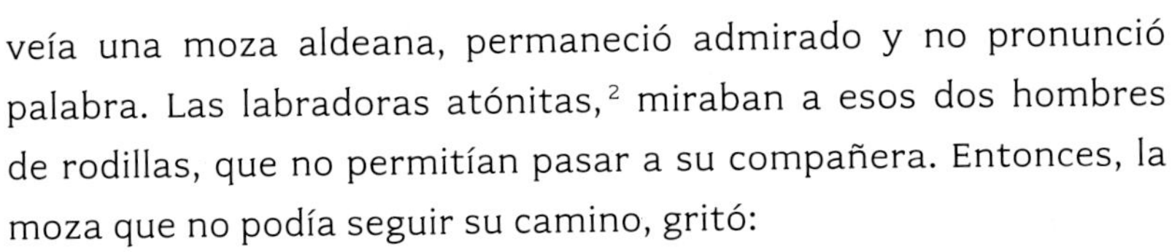

veía una moza aldeana, permaneció admirado y no pronunció palabra. Las labradoras atónitas,[2] miraban a esos dos hombres de rodillas, que no permitían pasar a su compañera. Entonces, la moza que no podía seguir su camino, gritó:

—¡Apartaos del camino y dejadnos pasar!

Sancho se apartó y la dejó ir, contentísimo de ver que su enredo había salido bien. Pero apenas la aldeana se echó a andar, su asno comenzó a dar saltos y derribó a su dueña. Don Quijote acudió a levantarla, pero cuando quiso ayudarla a montar nuevamente, ella sola dio un salto y se subió al animal con gran desenvoltura. Don Quijote se volvió a Sancho y le dijo:

—¿Cuán mal me tratan los encantadores? ¡Mira cómo me odian, que me han privado de la alegría de ver a mi señora tal como es!

Y así, volvieron a montar y prosiguieron su camino.

Tras varios días de viaje, salieron de un bosque Sancho y el «Caballero de los Leones», que así había decidido llamarse don Quijote después de haber puesto a prueba su fuerza con un león que un carretero llevaba enjaulado.

De improviso, divisaron[3] a una hermosa mujer montada sobre un caballo blanco. Vestía de verde y llevaba un halcón en su mano izquierda. Dijo entonces don Quijote a su escudero:

—Ve, Sancho, y di a aquella señora que yo, el Caballero de los Leones, deseo poner a su servicio toda mi bravura.

Sancho obedeció y, de rodillas ante la dama, le comunicó lo que su amo le había ordenado.

La hermosa dama escuchó al escudero y respondió:

—Levantaos, escudero, y decidme, ¿vuestro amo no es aquel

---

2. **atónito**: asombrado, sorprendido, maravillado.
3. **divisar**: avistar, ver.

que se nombra en una historia llamada *El ingenioso hidalgo don Quijote de La Mancha*?

—Ese mismo es, señora —respondió Sancho—, y su escudero soy yo: Sancho Panza.

—Decid a vuestro señor que es bienvenido a estas tierras, mías y de mi esposo, el duque —dijo ella.

Volvió Sancho con esta respuesta, que fue de gran agrado para don Quijote. Mientras tanto, la dama convocó a su marido y le relató lo que había sucedido. Los duques conocían la primera parte de esta historia y las disparatadas aventuras del caballero. Fue así que decidieron seguirle en sus locuras, tratándolo como a caballero andante y atendiendo a todas las ceremonias acostumbradas en los libros de caballerías.

El caballero se acercó entonces a la duquesa y le besó las manos y aceptó la invitación a permanecer en su castillo. Se dirigieron entonces hacia el castillo del duque, quien se adelantó para decir a todos sus criados cómo habían de tratar a don Quijote.

Cuando entraron en un gran patio llegaron dos hermosas doncellas y echaron sobre los hombros de don Quijote un gran manto rojo, y en un instante se coronaron todos los corredores del patio de criados y criadas de aquellos señores, que gritaban:

—¡Bienvenida la flor y nata[4] de los caballeros andantes!

De todo esto se admiraba don Quijote; y aquel fue el primer día en que conoció y creyó ser caballero andante verdadero, y no fantástico.

Todos en palacio sabían cómo actuar para hecerle creer que era un caballero andante. Banquetes[5] y festejos colmaban los

---

4. **la flor y nata:** la parte más escogida, lo mejor.
5. **banquete:** comida para muchas personas para celebrar algún acontecimiento.

días en palacio. Los duques se divertían haciendo muchas burlas y fingiendo innumerables aventuras.

Un día, estaba la duquesa en el jardín cuando llegó un hombre vestido de negro y con una larguísima barba blanca. Se presentó como el escudero de la condesa Trifaldi, conocida también como Dueña Dolorida. Venía desde el reino de Candaya para contar su pena al valeroso don Quijote de La Mancha. La condesa se presentó con otras doce dueñas. Llevaban todas un velo negro y un antifaz que cubrían sus rostros.

La condesa Trifaldi le explicó a don Quijote que en el reino de Candaya vivía el gigante Malambruno, cruel hechicero que, con sus artes mágicas, tormentaba sus vidas.

—¿Y dónde está la amargura de vuestra historia? —preguntó don Quijote.

—Ahora podéis verlo —aseguró la Dolorida.

La condesa y las otras dueñas se quitaron los antifaces que cubrían sus rostros, y todos quedaron atónitos cuando vieron las barbas crecidas sobre sus caras. Don Quijote dijo:

—Señora, ¿qué debo hacer para serviros?

La condesa le respondió que el caballero don Quijote de La Mancha debía enfrentarse en combate al hechicero Malambruno. Don Quijote aceptó el reto sin dudar y quiso saber cómo llegar al reino de Candaya. La condesa le dijo que por tierra estaba a cinco mil leguas, pero el camino más rápido era montar en Clavileño, un caballo creado por el mago Merlín.

—¿Y cuántas personas pueden montar ese caballo? —preguntó Sancho.

—Dos —respondió la Dolorida—. El caballero y su escudero.

Cuando anocheció, llegaron al jardín unas figuras que llevaban sobre sus hombros un enorme caballo de madera.

Una de ellas dijo:

—Para hacer volar al caballo debéis tocar esta clavija y el caballo os lleva, señores, por los aires. Cubríos los ojos para no sentir mareos. Cuando Clavileño relinche[6] os indica que el viaje ha concluido.

Subieron ambos a Clavileño, con los ojos tapados y, cuando don Quijote tocó la clavija, todos gritaron:

—¡Ya, ya han emprendido el vuelo!

Oyó Sancho las voces y dijo:

—Señor, no me parece estar tan alto, porque oigo las voces de todos y parecen cercanas.

—No pienses en eso —le dijo don Quijote—, no debes temer. El viento es favorable.

Para simular el vuelo los duques habían hecho preparar grandes fuelles que soplaban aire. Cuando don Quijote sintió el aire, dijo:

—Estamos cerca de la segunda región de la atmósfera. Si subimos aún, hemos de alcanzar la región del fuego.

Para hacerles creer que estaban en la región del fuego, encendieron antorchas para calentarles los rostros. Todos se divertían mucho con esta burla y, para concluir, prendieron fuego a la cola de Clavileño que, llena de cohetes, voló y cayó en tierra con don Quijote y Sancho.

Ambos se levantaron, y vieron a todos desmayados. Sorprendidos, descubrieron un papel colgado de una lanza, en el que se leía lo siguiente: «El ilustre caballero don Quijote de La Mancha acabó la aventura de la condesa Trifaldi con solo intentarla. Malambruno se da por satisfecho y hace desaparecer las barbas de las dueñas».

Poco a poco, todos comenzaron a incorporarse, fingiendo maravilla por lo sucedido.

---

6. **relinchar**: voz fuerte que emite el caballo.

Después de leer

Comprensión lectora

1 Ordena la secuencia de las frases según aparecen en el cuento.

a ☐ La duquesa estaba en el jardín cuando llegó un hombre.
b ☐ Era un cruel hechicero que, con sus artes mágicas, tormentaba sus vidas.
c ☐ El hombre estaba vestido de negro y tenía una larguísima barba blanca.
d ☐ La condesa Trifaldi le explicó a don Quijote que en el reino de Candaya vivía el gigante Malambruno.
e ☐ Llevaban todas velos negros que cubrían sus rostros.
f ☐ La condesa venía desde el reino de Candaya para contar su pena al valeroso don Quijote de La Mancha.
g ☐ Se presentó como el escudero de la condesa Trifaldi.
h ☐ La condesa se presentó con otras doce mujeres.

2 Responde a las siguientes preguntas.

1 ¿Qué hizo Sancho cuando él y su amo llegaron al Toboso?
....

2 ¿Qué pensó hacer Sancho para calmar a su amo en su búsqueda de Dulcinea ?
....

3 ¿Por qué la duquesa conocía ya a don Quijote y a Sancho?
....

4 ¿Qué decidieron hacer los duques durante la permanencia del caballero y de su escudero en su castillo?
....

5 ¿Qué debía hacer don Quijote para liberar del embrujo a la condesa Trifaldi y a las mujeres que le acompañaban?
....

6 ¿Cómo terminó la historia?
....

Comprensión auditiva

pista 11

3 DELE **Escucha el texto y luego elige la opción correcta (a, b, c).**

1 Tras varios días de viaje Sancho y don Quijote...
- a ☐ dejaron un bosque.
- b ☐ entraron en un bosque.
- c ☐ se acercaron a un bosque.

2 La mujer montada a caballo...
- a ☐ vestía de blanco y tenía un halcón en la mano derecha.
- b ☐ estaba vestida de verde y tenía un halcón en el hombro.
- c ☐ estaba vestida de verde y tenía un halcón en la mano izquierda.

3 Sancho se acercó a la dama y le dijo que...
- a ☐ don Quijote quería poner a su servicio su coraje.
- b ☐ don Quijote deseaba contarle su historia.
- c ☐ don Quijote era su escudero.

Léxico

4 **Completa las frases con las siguientes palabras, según el texto.**

caballo rostros fuelles hechicero vuelo velos clavija

1 Don Quijote debía combatir con el .... Malambruno.

2 Las mujeres llevaban .... negros que les cubrían los ....

3 Clavileño era un .... creado por el mago Merlín.

4 Sancho y su amo debían tocar una .... para hacer volar a Clavileño.

5 Grandes .... soplaban en el aire para simular el ....

5 Sustituye las expresiones en negrita por otras sinónimas que aparecen en el capítulo 5.

1 El caballero y su escudero subieron al caballo con los ojos **cubiertos**.
2 El gigante Malambruno era un hechicero **malvado**.
3 Cuando don Quijote vio a la aldeana, **quedó** asombrado y no **dijo** palabra.
4 Banquetes y festejos **llenaban** los días en palacio.
5 Cuando **oscureció**, llegaron al jardín unas figuras que llevaban sobre sus hombros un **inmenso** caballo de madera.

Gramática

Pretérito imperfecto de indicativo

	Mirar	**Hacer**	**Decir**
yo	mir**aba**	hac**ía**	dec**ía**
tú	mir**abas**	hac**ías**	dec**ías**
él / ella, usted	mir**aba**	hac**ía**	dec**ía**
nosotros / as	mir**ábamos**	hac**íamos**	dec**íamos**
vosotros / as	mir**abais**	hac**íais**	dec**íais**
ellos / ellas, ustedes	mir**aban**	hac**ían**	dec**ían**

Los verbos irregulares en pretérito imperfecto de indicativo son:
ser: era, eras, era, éramos, erais, eran
ir: iba, ibas, iba, íbamos, ibais, iban
ver: veía, veías, veía, veíamos, veíais, veían
*Cuando **era** pequeño, **jugaba** siempre con mis primos.*

6 Transforma las siguientes frases en imperfecto, como en el ejemplo.

0 Todos los veranos voy al mar con mis abuelos.
Todos los veranos iba al mar con mis abuelos.
1 Don Quijote es muy madrugador.
2 Sancho tiene poca sal en la mollera.
3 En la casa del hidalgo hay muchos libros de caballería.
4 Los duques están contentos por la llegada de don Quijote.

Expresión escrita

7 **En este capítulo se menciona al Mago Merlín. Busca información sobre este personaje fantástico y haz una presentación para tus compañeros.**

Rincón de cultura

El Día Internacional del Libro

El 6 de febrero de 1926, el rey Alfonso XIII firmó un Real Decreto que instituía oficialmente la **Fiesta del Libro Español**. La celebración tenía lugar el 7 de octubre, porque esta era la fecha del supuesto nacimiento de Miguel de Cervantes. La idea de esta celebración había sido del escritor valenciano **Vicente Clavel Andrés**.

Tiempo después, en 1930, se estableció definitivamente la fecha del **23 de abril** como Día del Libro. La celebración se difundió rápidamente en toda España. Desde Barcelona, se extendió por toda la región catalana; en esta zona, esta celebración tomó el nombre de Día de San Jorge, al coincidir con el día del santo patrón.

El 23 de abril es un día simbólico para la literatura universal, ya que en esa misma fecha y en el mismo año de 1616 murieron los escritores Miguel de Cervantes, William Shakespeare y El Inca Garcilaso de la Vega.

Como este día se convirtió en uno de los días populares más celebrados, la UNESCO declaró el 23 de abril **Día Internacional del Libro**.

A partir de 1976, se elige también esta fecha para la entrega anual del **Premio Cervantes**, el galardón literario más importante en el mundo hispano.

Ahora responde a las siguientes preguntas.

1. ¿En qué año se crea la Fiesta del Libro Español?
2. ¿Por qué se elige inicialmente esa fecha?
3. ¿Quién la instituyó? ¿De quién fue la idea?
4. ¿Dónde se difundió la celebración? ¿Qué nombre tomó en un segundo momento?
5. ¿A quiénes se recuerda el 23 de abril? ¿Por qué?

Los autores ficticios del Quijote

¿Quién es el autor de *El ingenioso hidalgo don Quijote de La Mancha*? La respuesta es clara: Miguel de Cervantes. Pero, ¿por qué, entonces, nos hacemos esta pregunta? Pues bien, porque una de las razones por las que esta obra es considerada por todos como la máxima expresión de la literatura universal, es esta compleja trama de autores y narradores ficticios que Cervantes ha creado. Este tema ha sido estudiado por muchos críticos, y aquí se explica la subdivisión que se considera más clara.[1]

Autor real

El autor real es Miguel de Cervantes.

Autor primero

Es el autor de los primeros 8 capítulos de la primera parte del *Quijote*.[2] Es un autor anónimo.

Cronista

Cide Hamete Benengeli es el cronista que aparece mencionado en el capítulo 9 de la primera parte, luego de una interrupción en el relato

1. Clasificación hecha por el profesor Jesús Maestro de la Universidad de Vigo.
2. Cuando mencionamos los capítulos nos referimos a los de la obra original.

de la batalla entre don Quijote y el caballero vizcaíno (capítulo 2 de esta adaptación).

Cide Hamete es nombrado por el narrador, quien recoge, organiza y edita todo el texto. El narrador cuenta que, mientras paseaba por el mercado de Toledo, encontró un texto en lengua árabe que era la continuación de la historia interrumpida en el capítulo 8, y que, de hecho, es toda la historia del caballero hasta el final del libro.

Traductor

Es un morisco aljamiado;[3] traduce los manuscritos arábigos desde el capítulo 9 hasta el final de la segunda parte, que había redactado Cide Hamete.

Los poetas y académicos de Argamasilla

Son los autores de los poemas que cierran el último capítulo de la primera parte de la obra. «Esta es otra de las ficciones cervantinas constructoras del *Quijote*.»[4]

Cervantes construye esta trama de autores y narradores para protegerse, ya que el Tribunal de la Santa Inquisición vigila y acusa a eventuales opositores a las ideas impuestas por esta institución.

3. **aljamiado**: que habla la aljamía, la lengua de los cristianos que vivían en el territorio musulmán.
4. Cita textual del profesor Jesús Maestro.

El *Quijote* de Avellaneda

En 1614 se publica la segunda parte del *Quijote*, cuyo autor se enmascara detrás del nombre Alonso Fernández de Avellaneda y cuya intención era criticar y destruir la obra escrita por Cervantes.

Este falso *Quijote* es criticado en la segunda parte del libro: en ella se indica su ilegitimidad a través de la afirmación de que el único autor verdadero es Cide Hamete. En el capítulo 6 de esta adptación se puede comprobar esto cuando Sancho le dice a los dos caballeros que se encuentran en la posada:

Don Quijote destruye el *Quijote* de Avellaneda.

«Vuestras mercedes, el Sancho y el don Quijote de esta historia no son los mismos de la historia que compuso Cide Hamete Benengeli, que somos nosotros: mi amo, valiente, discreto y enamorado, y yo, simple, ni comedor ni borracho».

Comprensión lectora

1 Responde a las siguientes preguntas.

1. ¿Cómo es la estructura de autores y narradores en el *Quijote*?
2. ¿Por qué Cervantes arquitecta esta estructura?
3. ¿Qué representa el *Quijote* de Avellaneda?

Antes de leer

1 **A lo largo del capítulo 6 encontrarás las siguientes palabras. Relaciona los nombres con las fotos.**

a enfermo
b aposento
c silla de manos
d senda
e vaquero
f espejo

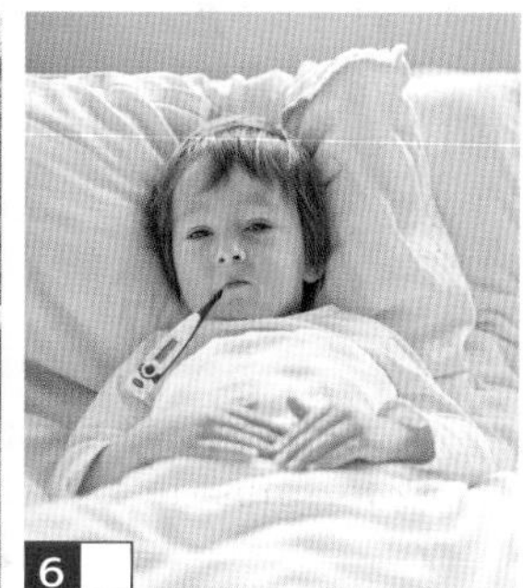

2 **En la página 77 encontrarás la ilustración del capítulo 6. Obsérvala atentamente y contesta a las siguientes preguntas.**

1 ¿Dónde están el caballero y su escudero?
2 ¿Qué están observando?
3 ¿Qué crees que sienten?

CAPÍTULO 6

El caballero va a Barcelona

Nuevamente libres en el campo, don Quijote y Sancho Panza recordaban los días pasados en el castillo de los duques.

El caballero decía:

—La libertad, Sancho, es uno de los dones más preciosos que a los hombres dieron los cielos; no hay tesoro en la tierra y en el mar más grandes que la libertad. Por la libertad y por la honra se puede y debe aventurar la vida. Por el contrario, el cautiverio es el mayor mal para los hombres. Digo esto, Sancho, porque en aquellos banquetes abundantes en el castillo sentía hambre, porque no los gozaba[1] con libertad, pues no eran míos. ¡Afortunado aquel a quien el cielo dio un pedazo de pan, y por ello no debe agradecer a otro que al mismo cielo!

1. **gozar**: disfrutar, saborear.

El caballero va a Barcelona

En estas reflexiones estaban amo y criado, cuando vieron llegar un grupo de hombres que cabalgaban muy deprisa[2] llevando lanzas en las manos.

Uno se adelantó y, gritando, le dijo a don Quijote:

—¡Apártate del camino, hombre del diablo, que te harán pedazos estos toros!

—¡No hay toros que valgan —exclamó don Quijote—, aunque sean los más bravos que cría el Jarama[3] en sus orillas! Confesad que es verdad lo que aquí he dicho o combatiremos.

No tuvo tiempo el vaquero de confesar nada, ni el atrevido caballero de apartarse, porque el tropel[4] de toros bravos y la multitud de vaqueros pasaron sobre don Quijote y sobre Sancho, sobre Rocinante y el asno, haciéndolos rodar por el suelo.

Quedó molido Sancho, espantado don Quijote, golpeado el asno y en malas condiciones Rocinante, pero en fin se levantaron todos, y don Quijote, tropezando aquí y cayendo allí, comenzó a correr tras la manada, gritando:

—¡Deteneos, canallas, que un solo caballero os espera!

Pero los toros no se detuvieron, y los vaqueros no hicieron caso de sus amenazas.

Amo y escudero siguieron su camino con más vergüenza que gusto. Llegaron a una venta y en esta se hospedaron. Se retiraron a su aposento. En pláticas estaban ambos, cuando oyeron, a través de la pared, la conversación que provenía desde otro aposento. Don Quijote oyó decir:

—Mientras esperamos la cena, señor don Jerónimo, leamos otro capítulo de la segunda parte de *Don Quijote de La Mancha*.

---

2. **deprisa**: rápidamente.
3. **Jarama**: río afluente del Tajo.
4. **tropel**: muchos animales que se mueven en desorden ruidoso.

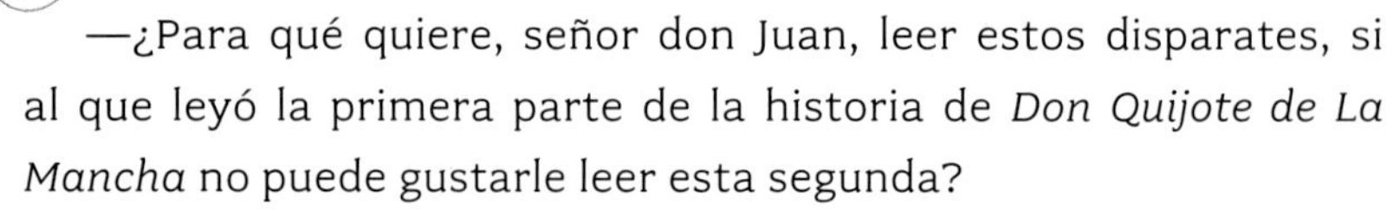

—¿Para qué quiere, señor don Juan, leer estos disparates, si al que leyó la primera parte de la historia de *Don Quijote de La Mancha* no puede gustarle leer esta segunda?

—Con todo eso —dijo don Juan—, es bien leerla, pues hay siempre algo bueno en un libro malo. Lo que a mí no me gusta de este libro es que pinta a don Quijote ya desencantado[5] de Dulcinea del Toboso.

Al oír esto don Quijote, lleno de ira, alzó la voz y dijo:

—A quien dice que don Quijote de La Mancha ha olvidado a Dulcinea del Toboso le haré comprender con las armas que está lejos de la verdad: la sin igual Dulcinea no puede ser olvidada.

—¿Quién es el que nos responde? —preguntaron desde el otro aposento.

—¿Quién ha de ser —contestó Sancho— sino el mismo don Quijote de La Mancha?

Cuando oyeron el nombre, los dos hombres se presentaron en el aposento del caballero y su escudero; uno de ellos abrazó a don Quijote y le dijo:

—Sin duda vos, señor, sois el verdadero don Quijote de La Mancha, estrella de la caballería andante, a pesar del que ha querido usurpar vuestro nombre y aniquilar vuestras hazañas,[6] como lo ha hecho el autor de este libro.

Don Quijote cogió el libro y, después de hojearlo, dijo:

—De lo poco que he visto, hay tres cosas que no apruebo: la primera está en el prólogo; la segunda, que el lenguaje es aragonés y la tercera, que la mujer de mi escudero no se llama Mari Gutiérrez sino Teresa Panza.

---

5. **desencantado**: desilusionado.
6. **hazaña**: proeza, acción heroica.

El caballero va a Barcelona

Sancho exclamó entonces:

—Vuestras mercedes, el Sancho y el don Quijote de esta historia no son los mismos de la historia que compuso Cide Hamete Benengeli, que somos nosotros: mi amo, valiente, discreto y enamorado, y yo, simple, ni comedor ni borracho.

En esta conversación pasaron gran parte de la noche. Los caballeros le preguntaron a don Quijote adónde se dirigía. Este respondió que iba a Zaragoza. Pero, al enterarse de que también allí lo había situado el autor aragonés en su relato, cambió su destino y decidió ir a Barcelona. Con esto se despidieron, y don Quijote y Sancho se retiraron a su aposento.

Madrugaron ambos. Caminaron todo el día y luego se detuvieron a descansar. Sancho se quedó dormido debajo de unos árboles, pero don Quijote no lograba dormir: numerosos pensamientos le invadían.

Ya en esto amanecía, cuando vieron llegar a más de cuarenta bandoleros[7] que les rodearon, ordenándoles en lengua catalana permanecer quietos hasta la llegada de su capitán.

Mientras esperaban, tomaron todo lo que encontraron en sus alforjas. Pero en ese momento llegó el capitán, quien, al ver a don Quijote armado y pensativo, le dijo:

—No estéis tan triste, buen hombre, que no habéis caído en manos de un tirano. Yo soy Roque Guinart.

—¡No estoy triste porque caí en tu poder, oh valeroso Roque! —dijo don Quijote—, sino porque tus hombres me han cogido descuidado, aun estando siempre alerta, como manda la orden de la caballería andante. Yo soy don Quijote de La Mancha, mis hazañas son famosas en el mundo entero.

---

7. **bandolero**: bandido.

CAPÍTULO 6

Roque Guinart se alegró de conocer al caballero y devolvió a Sancho lo que sus bandoleros le habían quitado. Luego, dijo:

—Nueva manera de vida le debe de parecer al señor don Quijote la nuestra: nuevos sucesos y todos peligrosos; y no me maravillo de ello, porque realmente le confieso que no hay modo de vivir más inquieto ni más alterado que el nuestro. A mí me han puesto en él no sé qué deseos de venganza. Yo soy por naturaleza compasivo,[8] pero, como tengo dicho, el querer vengarme de un agravio que se me hizo me ha llevado a dar venganza por las ofensas que he recibido y a aquellas que otros han sufrido.

—Señor Roque —dijo don Quijote—, el principio de la salud está en conocer la enfermedad y en querer tomar el enfermo las medicinas que el médico le ordena. Vuestra merced está enfermo, conoce su dolencia, y el cielo le sanará. Si quiere salvarse, yo le enseñaré a ser caballero andante, y las desventuras, tomadas por penitencia, le pondrán en el cielo.

Roque Guinart se rio del consejo de don Quijote, pero quiso agradecérselo yendo a Barcelona junto a él, para hacerle conocer a un amigo.

Tres días después, por atajos[9] y sendas escondidas, partieron Roque, don Quijote, Sancho y seis escuderos hacia Barcelona. Llegaron a su playa la víspera de San Juan, en la noche. Roque se despidió del amo y del criado.

Al amanecer, vieron el mar hasta entonces jamás visto por ellos. Les pareció muy espacioso y grande. Vieron también las galeras que había en la playa. Sorprendidos estaban don Quijote y Sancho, cuando llegó don Antonio Moreno, el amigo de Roque Guinart.

8. **compasivo**: bueno, bondadoso, piadoso, sensible.
9. **atajo**: Senda o lugar por donde se acorta el camino.

—Bienvenido sea a nuestra ciudad el espejo de toda la caballería andante. Bienvenido sea —dijo don Antonio— el valeroso don Quijote de La Mancha, el verdadero, el que nos describió Cide Hamete Benengeli. Venid con nosotros, que somos sus servidores.

Transcurrieron unos días en casa de don Antonio. Una mañana fue don Quijote a pasear por la playa armado de todas sus armas. Vio venir hacia él a un caballero, armado también él de pies a cabeza. Llevaba pintada en el escudo una luna resplandeciente. Cuando estuvo cerca de don Quijote, dijo:

—Ilustre caballero don Quijote de La Mancha, yo soy el Caballero de la Blanca Luna. Vengo a luchar con vos para haceros confesar que mi dama es más hermosa que vuestra Dulcinea del Toboso. Si confesáis esta verdad, no moriréis; si combatís y yo os venzo, deberéis dejar las armas y retiraros a vuestra aldea durante un año, donde habréis de vivir en paz. Y si vos vencéis, quedará a vuestra disposición mi cabeza y serán vuestros mis armas y caballo, y la fama de mis hazañas.

Don Quijote, asombrado, con voz seria y serena le respondió:

—Caballero de la Blanca Luna, yo os haré jurar que jamás habéis visto a la famosa Dulcinea; porque su belleza no tiene par. Acepto luchar con vos.

Estaba presente Sancho con varios caballeros y don Antonio.

Los dos contendientes se enfrentaron y comenzaron la batalla. El Caballero de la Blanca Luna derribó a su rival y, acercándose a él y poniéndole la lanza sobre la visera, le dijo:

—Os he derrotado, caballero, y moriréis si no confesáis que mi dama es más bella que vuestra Dulcinea.

Don Quijote, molido y confundido sin alzarse la visera, con voz debilitada y enferma, dijo:

—Dulcinea del Toboso es la mujer más hermosa del mundo y yo

el más desdichado caballero de la tierra. Mi flaqueza[10] no me hará mentir. Quítame la vida, caballero, pues me has quitado la honra.

—Eso no lo haré yo —dijo el Caballero de la Blanca Luna—: viva la fama de la hermosura de la señora Dulcinea del Toboso. Yo me contento con que cumpláis con lo que hemos acordado antes.

Don Quijote juró respetar la palabra dada.

Hecha esta confesión, el Caballero de la Blanca Luna volvió las riendas y, a medio galope, entró en la ciudad. Levantaron a don Quijote y vieron que su rostro no tenía color. Sancho, triste, no sabía qué decir ni qué hacer. Le parecía que todo era un sueño. Veía a su señor rendido y obligado a no tomar armas durante un año; imaginaba la luz de la gloria de sus hazañas oscurecida, las esperanzas de sus nuevas promesas deshechas, como se deshace el humo con el viento. Finalmente, con una silla de manos llevaron a don Quijote a la ciudad.

Mientras tanto, don Antonio siguió al Caballero de la Blanca Luna. Este, viendo que le seguía, se dirigió a él y le dijo:

—Me llaman el bachiller Sansón Carrasco, y soy del mismo lugar de don Quijote de La Mancha. Todos los que le conocemos, creemos que su salud está en el reposo que hallará en su tierra y en su casa. Hace tres meses que le salí al camino como caballero andante, con intención de pelear con él y vencerle sin hacerle daño, obligándole a volver a su pueblo sin salir de él por un año. Como don Quijote es muy respetuoso de las leyes de la caballería andante, sin duda alguna cumplirá su palabra. Guardad silencio sobre lo que os he dicho. Don Quijote no debe saber quién soy. Solo así podrá recobrar su juicio.

Así se lo prometió don Antonio. Don Quijote estuvo triste y pensativo en su lecho durante seis días. Luego el caballero dejó a sus amigos, y partió desarmado junto a Sancho hacia su aldea.

---

10. **flaqueza**: debilidad.

Después de leer

Comprensión lectora

1 DELE **Completa las frases (1-6). Elige la opción correcta (a,b, c).**

1 Don Quijote habla de la importancia...
- a ☐ de la libertad.
- b ☐ de las aventuras.
- c ☐ de los banquetes.

2 En la segunda parte de *Don Quijote de la Mancha*, escrita por el aragonés, se dice que...
- a ☐ el caballero ya no está enamorado de Dulcinea.
- b ☐ el caballero sigue amando a Dulcinea.
- c ☐ Dulcinea ya no ama al caballero.

3 Roque Guinart y sus bandoleros...
- a ☐ llevaban una vida tranquila.
- b ☐ conducían una vida agitada y peligrosa.
- c ☐ vivían como caballeros andantes.

4 Si el Caballero de la Blanca Luna vencía en combate...
- a ☐ debía confesar que Dulcinea era más hermosa que su dama.
- b ☐ don Quijote debía abandonar las armas y volver a su tierra.
- c ☐ don Quijote debía apropiarse de sus armas y su caballo.

5 Don Quijote recobrará el juicio si...
- a ☐ deja las armas y vuelve a su aldea.
- b ☐ combate como caballero andante.
- c ☐ vuelve a su aldea después de un año.

Comprensión auditiva

pista 13

2 **¿Quién lo dijo? Escucha atentamente lo que dicen estos personajes. Luego escribe en las casillas la letra correspondiente a cada personaje.**

1	2	3	4	5

- a Don Quijote
- b Roque Guinart
- c Caballero de la Blanca Luna

Léxico

3 **Une cada palabra de la columna izquierda con su sinónima de la derecha y luego elige 6 palabras y escribe 6 frases.**

1 ☐	bravo	a	afligido
2 ☐	bandolero	b	célebre
3 ☐	quieto	c	salvaje
4 ☐	triste	d	bandido
5 ☐	famoso	e	inmóvil

Gramática

Los demostrativos

este, esta, estos, estas	designan lo que está cerca de la persona que habla (*aquí*)
ese, esa, esos, esas	designan lo que está cerca de la persona a la que se habla (*ahí*)
aquel, aquella, aquellos, aquellas	designan lo que está lejos de las personas que hablan (*allí*)

Los adjetivos demostrativos indican la **distancia** entre dos o más personas u objetos; se anteponen al sustantivo que modifican. Concuerdan con este en género y número.

*En **esta** venta hay mucha gente.* *En **aquella** escuela estudia Juan.*

4 **Completa las frases con el demostrativo correcto. Fíjate en el adverbio de lugar.**

1 No me gusta .... edificio. (*allí*)
2 .... hombre es muy valiente en combate. (*aquí*)
3 ¿Adónde van .... niños? (*ahí*)
4 .... hombres que vienen cabalgando son bandoleros. (*allí*)
5 .... casa es grande y muy bonita. (*aquí*)

5 **Busca y subraya los demostrativos que hay en el capítulo 6.**

Expresión oral

6 ¿Qué quiere decir don Quijote cuando pronuncia estas palabras?

«La libertad, Sancho, es uno de los dones más preciosos que a los hombres dieron los cielos; no hay tesoro en la tierra y en el mar más grandes que la libertad. Por la libertad y por la honra se puede y debe aventurar la vida.»

Rincón de cultura

España en el siglo XVII

La España de la época del Quijote ya no es la primera potencia mundial. Es una etapa de decadencia económica y moral. El magnífico período de poderío político, económico y artístico del reinado de Carlos V llega a su ocaso.[1]

El reinado de Felipe III, que comienza en 1598 después de la muerte de su padre el rey Felipe II, lleva a España al borde de la ruina. Ya durante el reinado de Felipe II se asiste al comienzo de la caída: el predominio naval español desaparece con la derrota de la Armada Invencible en 1588 por parte de Inglaterra. Este fue un duro golpe para España que se empobrece económicamente día a día a causa del abandono de la actividad agrícola, de la disminución de las riquezas provenientes de América, y de la población. Las colonias de ultramar son cada vez más independientes en la producción agrícola y dejan de importar grandes cantidades de bienes de la madre patria. El poder de la nobleza aumenta, la burguesía asiste a su decadencia económica y la España de Felipe III no puede hacer frente a este fuerte impacto.

La tarea del rey Felipe IV, en el siglo XVII, será muy difícil.

---

1. **ocaso**: decadencia, final de algo.

Ahora responde a las preguntas.

1 ¿Cómo era la España de Carlos V?
2 ¿Cuándo comienza el período de decadencia española?
3 ¿Qué sucede con las colonias de ultramar?

El Quijote en la pantalla pequeña

Año: 1992
Duración: 5 capítulos
País: España
Director:
Manuel Gutiérrez Aragón
Intérpretes:
Fernando Rey, Alfredo Landa
Guión:
Camilo José Cela, Manuel Gutiérrez Aragón

En 1990, TVE comenzó una producción muy ambiciosa, la adaptación del *Quijote*; el guionista fue el mismísimo Camilo José Cela. El objetivo inicial era realizar una primera parte de 8 capítulos y una segunda de 10, pero la crisis lo impidió.
Alfredo Landa interpretó a Sancho Panza y, luego de numerosas pruebas, para el papel de don Quijote se dio con el gran Fernando Rey. El rodaje duró un año.
Finalmente la serie se dividió en 5 capítulos y costó algo como 8 millones de euros. Fue estrenada en televisión el 29 de enero de 1992 y don Quijote y Sancho acompañaron a los telespectadores durante cinco semanas, siendo uno de los grandes éxitos de ese año.

1 ***Responde a las siguientes preguntas.***

1 ¿Cuántos capítulos debía tener inicialmente la serie?
2 ¿Cuándo se estrenó la serie de televisión?
3 Observa la foto. ¿Qué personaje es? ¿Qué está haciendo?

Antes de leer

1 **Las siguientes palabras se utilizan en el capítulo 7. Asocia cada palabra a la definición correspondiente y comprueba tus respuestas a lo largo del texto.**

a testamento
b misericordia
c privilegio
d ignorancia
e melancolía
f fidelidad

1 ☐ Ventaja exclusiva o especial que tiene alguien por determinadas circunstancias.
2 ☐ Tristeza profunda y permanente.
3 ☐ Compasión hacia los sufrimientos o errores ajenos. Piedad
4 ☐ Franqueza, honestidad, nobleza, lealtad.
5 ☐ Falta de conocimiento.
6 ☐ Declaración que hace alguien de su última voluntad; en ella se dispone de bienes y asuntos.

2 **En la página 89 encontrarás la ilustración del capítulo 7. Obsérvala atentamente y contesta a las siguientes preguntas.**

1 ¿Quiénes se encuentran alrededor del lecho de don Quijote?
2 ¿Por qué están todos reunidos?
3 ¿Qué crees que le está diciendo Sancho a don Quijote?

CAPÍTULO 7

Don Quijote enferma y muere

Viajaron durante varios días hasta que llegaron a su pueblo. A las puertas de este los recibieron el cura y el bachiller Sansón Carrasco con los brazos abiertos. En la casa de don Quijote esperaban su sobrina y su criada, y también Teresa Panza.

El caballero contó al bachiller y al cura lo que había sucedido en el combate con el Caballero de la Blanca Luna, y las promesas que había hecho y por las que había vuelto a su aldea. Luego, pidió ser llevado a su lecho, porque no se sentía muy bien.

Como las cosas humanas no son eternas y llegan a su último fin, especialmente las vidas de los hombres, y como la de don Quijote no tenía el privilegio del cielo para detener su curso, llegó su fin cuando él menos lo pensaba. Tal vez por la melancolía

que le causaba el verse vencido o por la disposición del cielo, le vino una fiebre que le tuvo seis días en la cama. Le visitaron muchas veces el cura, el bachiller y el barbero, sus amigos. Sancho Panza, su buen escudero, no se separó de él.

Estos creían que la pena de verse vencido le había llevado a ese estado y procuraban alegrarle.

Sus amigos llamaron al médico, que le tomó el pulso, y no le gustó mucho lo que veía. Así recomendó la salud de su alma, porque la del cuerpo corría peligro. Don Quijote lo oyó con ánimo sosegado,[1] pero no lo oyeron así su ama, su sobrina y su escudero. Ellos comenzaron a llorar tiernamente. Don Quijote rogó permanecer solo, porque quería dormir un poco. Así lo hicieron y durmió de un tirón[2] más de seis horas, tanto que el ama y la sobrina pensaron que se había de quedar en el sueño. Cuando despertó, dando una gran voz, dijo:

—¡Bendito sea Dios, que tanto bien me ha hecho! En fin, su misericordia no tiene límite.

Estuvo atenta la sobrina a las razones del tío y le parecieron muy ordenadas y razonables, a pesar de su enfermedad.

La sobrina le preguntó:

—¿Qué es lo que vuestra merced dice, señor? ¿Qué misericordias son estas?

Don Quijote respondió:

—Las misericordias, sobrina, son las que ha usado Dios conmigo. Yo tengo juicio ya libre y claro. Se han ido las sombras tenebrosas de la ignorancia que sobre mi razón pusieron la amarga y continua lectura de los detestables libros de caballerías. Ya conozco sus

1. **sosegado**: tranquilo.
2. **de un tirón**: sin interrupción.

disparates y solo me duele no tener tiempo para poder leer otros libros portadores de luz al alma. Yo siento, sobrina, que estoy a punto de morir: deseo prepararme a la muerte sin dejar fama de loco, porque como lo he sido, no deseo confirmar esta verdad en mi muerte. Llama a mis buenos amigos, al cura, al bachiller Sansón Carrasco y al barbero, porque quiero confesarme y hacer mi testamento.

Cuando los vio llegar, don Quijote dijo:

—Alegraos, buenos señores, pues yo ya no soy don Quijote de La Mancha, sino Alonso Quijano, «el Bueno». Ya soy enemigo de Amadís de Gaula y de todos sus descendientes. Ya soy enemigo de todas las historias de la caballería andante; ya conozco mi necedad[3] y el peligro en el que su lectura me puso. Ya he aprendido, gracias a la misericordia de Dios, y por eso maldigo todas estas lecturas. Yo, señores, siento que me voy muriendo a toda prisa: traedme un confesor para confesarme y un escribano para hacer mi testamento.

Se miraron unos a otros, admirados de las razones de don Quijote, y, aunque con duda, le quisieron creer; y una de las razones por las que pensaron que se moría fue que él había vuelto con tanta facilidad de loco a cuerdo.[4]

El cura hizo salir a la gente y le confesó. El bachiller fue a por el escribano y, poco después, volvió con él y con Sancho Panza. Sancho ya sabía por las noticias del bachiller en qué estado estaba su señor y, hallando al ama y a la sobrina llorosas, comenzó a hacer pucheros y a derramar lágrimas también. Se acabó la confesión y salió el cura diciendo:

3. **necedad**: estupidez, idiotez.
4. **cuerdo**: lúcido, sensato.

—Verdaderamente se muere y verdaderamente ha recuperado la razón Alonso Quijano el Bueno; podemos entrar y hacer su testamento.

Estas nuevas fueron terribles para el ama, la sobrina y Sancho Panza, su buen escudero. Porque verdaderamente, mientras don Quijote era Alonso Quijano el Bueno y mientras era don Quijote de La Mancha, fue siempre de apacible condición y de agradable trato. Por esta razón no solo era bien querido por los de su casa, sino por todos aquellos que le conocían.

Entró el escribano con los demás, y don Quijote comenzó a dictarle su testamento:

—Deseo dejar ciertos dineros a Sancho Panza, a quien en mi locura hice mi escudero, dineros míos que él tiene. Y si, cuando estaba loco le he dado el gobierno de una isla, me gustaría ahora, estando lúcido, darle el de un reino, porque la sencillez de su condición y la fidelidad de su trato lo merecen.

Y, volviéndose a Sancho, le dijo:

—Perdóname, amigo, porque te he hecho parecer loco como yo, haciéndote caer en mi mismo error: que hubo y hay caballeros andantes en el mundo.

—¡Ay! —dijo Sancho llorando—. No se muera, señor mío. Viva muchos años, porque la mayor locura que puede hacer un hombre es dejarse morir a causa de la melancolía. Levántese, y vámonos al campo vestidos de pastores, como acordamos.

—Señores —dijo don Quijote—, yo fui loco y ya soy cuerdo; fui don Quijote de La Mancha y soy ahora, como he dicho, Alonso Quijano el Bueno. Sigamos pues con el testamento.

Dejo mi hacienda[5] a mi sobrina Antonia Quijano, aquí presente. El hombre que se case con mi sobrina no debe conocer los libros de caballerías. Es mi voluntad pagar a mi ama el salario que le debo por el tiempo que me ha servido, más veinte ducados[6] para un vestido. Nombro mis albaceas[7] al señor cura y al señor bachiller Sansón Carrasco, que están presentes. Suplico a mis albaceas que si la buena suerte les hace conocer al autor que dicen que compuso una historia con el título de Segunda parte de las hazañas de don Quijote de La Mancha, de mi parte le pidan perdón porque le he dado ocasión de escribir tantos y tan grandes disparates como en ella escribe.

Cerró con esto el testamento y se desmayó. Estuvo así tres días. En fin, llegó el último día y don Quijote, recibidos todos los sacramentos, entre las lágrimas de los presentes, murió.

El escribano, a pedido del cura, dejó testimonio de que Alonso Quijano el Bueno, llamado comúnmente «don Quijote de La Mancha», había pasado por esta vida y había muerto naturalmente. El cura pedía tal testimonio para dejar claro que el único autor de esta historia había sido Cide Hamete Benengeli, y para evitar la falsa resurrección de don Quijote y de sus interminables hazañas por parte de otro autor.

Este fin tuvo el ingenioso hidalgo de La Mancha, cuyo lugar no quiso poner Cide Hamete puntualmente. De esta manera todas las villas y lugares de La Mancha contenderían[8] entre sí por hacerle suyo.

---

5. **hacienda**: conjunto de bienes y riquezas que alguien tiene.
6. **ducado**: moneda de oro que se usó en España hasta fines del siglo XVI.
7. **albacea**: persona que cumple la última voluntad del fallecido.
8. **contender**: discutir.

Después de leer

Comprensión lectora

1 **Responde a las siguientes preguntas.**

1 ¿Qué hizo don Quijote cuando llegó a su casa?
2 ¿Cómo se sentía don Quijote?
3 ¿Qué dijo el médico cuando vio al caballero?
4 ¿Qué dijo don Quijote cuando se despertó?
5 ¿Cuál era el deseo del caballero?
6 ¿A quiénes pidió ver el caballero?
7 ¿Cómo se sentía Sancho Panza al ver a su amo en ese estado?
8 ¿Qué decía el testamento de Don Quijote?
9 ¿Qué ordenó hacer el cura cuando don Quijote murió?
10 ¿Por qué Cide Hamete Benengeli no escribió el nombre de la aldea de don Quijote en este libro?

Comprensión auditiva

pista 15

2 **Escucha atentamente el texto y luego subraya y corrige los errores.**

Viajaron durante varios días hasta que llegaron a su pueblo. A las puertas de este los recibieron el barbero y el bachiller Sansón Carrasco con los brazos abiertos. En la casa de don Quijote esperaban su sobrina y su criada y también el mozo de campo.

El caballero contó a su sobrina y a su criada lo que había sucedido en el combate con el Caballero de la Blanca Luna, y las promesas que había hecho y por las que había vuelto a su aldea. Luego, pidió ser llevado a su lecho, porque tenía mucho sueño.

Léxico

3 **En este capítulo encontramos la expresión coloquial "hacer pucheros". Busca su significado y escríbelo.**

4 **Completa las frases con las palabras del cuadro.**

pulso razón sacramentos escribano lágrimas

1 El médico le tomó el ....
2 El bachiller fue a buscar al ....
3 Don Quijote no estaba más loco, había recuperado la ....
4 Don Quijote recibió los .... y luego murió.
5 Sancho estaba triste y comenzó a derramar ....

Gramática

La causa

Porque	*No fue a la fiesta **porque** no se sentía bien*
Como	***Como** no se sentía bien, no fue a la fiesta.*

La causa es la razón por la que se cumple una acción o algo sucede. Las palabras **porque** y **como** expresan con mayor frecuencia la causa.

La finalidad

Para** + **infinitivo	*Estudio español **para** ir a Sudamérica.*

La finalidad de una acción se expresa con la preposición ***para***.

5 **Transforma las oraciones según el ejemplo.**

0 Llegó tarde porque se quedó dormido.
Como se quedó dormido, llegó tarde.

1 Don Quijote creía que era un caballero andante porque estaba loco.
....

2 Sancho estaba triste porque su amo estaba por morir.
....

3 El bachiller fue a llamar al escribano porque don Quijote quería hacer su testamento.
....

6 **Completa las frases con las palabras *para*, *como* o *porque*.**

1 Juan estudia mucho .... aprobar el examen.
2 .... hace mucho calor, Juan va a la piscina.
3 Lucas no entiende Matemáticas .... no está atento cuando el profesor explica.
4 .... hacer una tarta, necesitas harina, huevos y azúcar.
5 Los chicos juegan al fútbol .... les gusta mucho.
6 .... a María le encanta el tenis, sus padres le han comprado una raqueta nueva.

7 **En este capítulo hay varias oraciones que expresan causa y finalidad. Encuéntralas y subráyalas con diferentes colores.**

Expresión escrita y oral

8 **Haz el resumen del capítulo 7. (*100 palabras*)**

9 **¿Por qué don Quijote dice las siguientes palabras cuando habla de Sancho? ¿Qué significa la fidelidad para ti? Escríbelo y comparte tu opinión con tus compañeros.**

«Y si, cuando estaba loco le he dado el gobierno de una isla, me gustaría ahora, estando lúcido, darle el de un reino, porque la sencillez de su condición y la fidelidad de su trato lo merecen.»

10 **Escribe un mail a un amigo. Cuéntale que acabas de leer el *Quijote*. En el mail debes decir:**

- lo mucho que te ha gustado la lectura;
- por qué te ha gustado;
- por qué crees que tu amigo debe leerlo también.

(*80 palabras*)

Comprensión lectora

1 **Pon las imágenes siguientes en el orden cronológico de la historia, y después asocia cada imagen a la descripción que le corresponde. ¡Ojo, sobran dos descripciones!**

1 ☐ ¡No huyáis, cobardes, que un solo caballero os ataca!
2 ☐ ¡Ay! No se muera, señor mío. Viva muchos años.
3 ☐ Al amanecer, vieron el mar hasta entonces jamás visto por ellos.
4 ☐ Uno de los frailes cayó de la mula y el segundo religioso huyó más ligero que el mismo viento.
5 ☐ ¡Sois un mal hostelero!
6 ☐ ¡Bienvenida la flor y nata de los caballeros andantes!
7 ☐ Se quitó el gorro que llevaba y se comenzaron a soltar unos cabellos, que eran la envidia del mismo sol.
8 ☐ Esta es una cadena de galeotes, gente condenada por el rey, que va a las galeras.

Léxico

2 **Resuelve el crucigrama y en la columna vertical central aparecerá el nombre de una ciudad visitada por don Quijote y Sancho.**

1 ☐☐☐☐☐☐☐☐
2 ☐☐☐☐☐☐☐☐☐
3 ☐☐☐☐☐
4 ☐☐☐☐☐☐☐☐
5 ☐☐☐☐☐☐☐
6 ☐☐☐☐☐☐
7 ☐☐☐☐☐☐☐☐☐
8 ☐☐☐☐☐☐☐
9 ☐☐☐☐

1 Frutos que los cabreros ofrecieron a Sancho y a don Quijote.
2 Nombre del caballo de madera que montaron Sancho y don Quijote.
3 Lo que perdió don Quijote por leer muchos libros de caballerías.
4 Nombre de la amada de don Quijote.
5 Femenino del la palabra “duque”.
6 Sinónimo de “combatir, pelear, batallar”.
7 Nombre del caballo de don Quijote.
8 Persona encargada del cuidado de una venta.
9 Imperfecto de indicativo del verbo “leer”, 3.ª persona singular.

Gramática

3 **Completa las oraciones con una de las tres opciones propuestas.**

1 ¡Sancho, mira ...... gigantes que se ven allí a lo lejos!
a ☐ esos **b** ☐ estos **c** ☐ aquellos

2 Las doncellas se asustaron y don Quijote ...... tranquilizó.
a ☐ las **b** ☐ la **c** ☐ les

3 ¡Sancho, ... a curarme la oreja!
a ☐ venid **b** ☐ ve **c** ☐ ven

Esta lectura graduada utiliza un enfoque de lectura expansiva, donde el texto se convierte en una plataforma para mejorar la competencia lingüística y explorar el trasfondo histórico, las conexiones culturales y otros tópicos que aparecen en el texto.
Abajo encontrarás una lista con las nuevas estructuras introducidas en este nivel de nuestra serie **Leer y aprender**. Naturalmente, también se incluyen las estructuras de niveles inferiores. Para consultar una lista completa de estructuras de los cinco niveles, visita nuestra página web, *blackcat-cideb.com*.

Nivel Segundo A2

El imperativo
Los indefinidos
La comparación y el superlativo
Estar + gerundio
El pretérito perfecto
El pretérito imperfecto
El pretérito indefinido
Combinación de pronombres
El futuro simple
Perífrasis de infinitivo

Nivel Segundo

Si te gustó esta lectura, prueba también...

- *Novelas ejemplares* de Miguel de Cervantes
- *Traición en la corte de Felipe III* de Flavia Bocchio Ramazio y Elena Tonus
- *Lazarillo de Tormes* de anónimo

Nivel Tercero

...o intenta avanzar más.

- *Guzmán de Alfarache* de Mateo Alemán
- *La vida del Buscón* de Francisco de Quevedo
- *Niebla* de Miguel de Unamuno